公共卫生思政系列

环境卫生学
课程思政案例集

曾晓雯　刘汝青　胡立文　主编

·广州·

版权所有　翻印必究

图书在版编目（CIP）数据

环境卫生学课程思政案例集/曾晓雯，刘汝青，胡立文主编． —广州：中山大学出版社，2023.12
（公共卫生思政系列）
ISBN 978 - 7 - 306 - 07962 - 6

Ⅰ. ①环… Ⅱ. ①曾… ②刘… ③胡… Ⅲ. ①高等学校—思想政治教育—教案（教育）—中国 Ⅳ. ①G641

中国国家版本馆 CIP 数据核字（2023）第 253813 号

HUANJING WEISHENGXUE KECHENG SIZHENG ANLI JI

出 版 人：	王天琪
策划编辑：	吕肖剑
责任编辑：	潘惠虹
封面设计：	曾　斌
责任校对：	廖翠舒
责任技编：	靳晓虹
出版发行：	中山大学出版社
电　　话：	编辑部 020 - 84110283，84113349，84111997，84110779，84110776
	发行部 020 - 84111998，84111981，84111160
地　　址：	广州市新港西路 135 号
邮　　编：	510275　　　传　真：020 - 84036565
网　　址：	http://www.zsup.com.cn　　E-mail:zdcbs@mail.sysu.edu.cn
印 刷 者：	佛山市浩文彩色印刷有限公司
规　　格：	787mm×1092mm　1/16　13.25 印张　200 千字
版次印次：	2023 年 12 月第 1 版　2023 年 12 月第 1 次印刷
定　　价：	50.00 元

如发现本书因印装质量影响阅读，请与出版社发行部联系调换

编委会

主编 曾晓雯　刘汝青　胡立文

编委（按姓氏笔画排序）

　　　杨博逸　林薇薇　胡前胜　董光辉

融思政教育于专业培养

——"公共卫生思政系列"丛书序

陈春声

做好课程思想政治（简称"思政"）工作，是落实"三全育人"理念具有关键性意义的重要环节。如何在每一位任课教师的专业课程教学过程中，道法自然，润物无声，将思政教育的养分有机融入高层次专业人才培养的土壤之中，有效地达到知识传授、价值塑造和能力培养多元统一的目标，仍是高等教育界各位同仁正在孜孜以求的重大课题。令人高兴的是，中山大学公共卫生学院的教师们在自己的专业领域做了可贵的探索。中山大学出版社出版的"公共卫生思政系列"丛书，为课程思政工作提供了一个可重复、可借鉴的范例。

中山大学公共卫生学院的教师们在教师党支部的引领下，结合各二级学科的特点和资源，胸怀"立德树人"，培养德智体美劳全面发展的公共卫生事业年轻一代专业工作者的责任感和使命感，编写了《职业卫生与职业医学课程思政案例集》《流行病学课程思政案例集》《儿童少年卫生学课程思政案例集》《营养与食品卫生学课程思政案例集》《环境卫生学课程思政案例集》《卫生管理学课程思政案例集》《卫生毒理学课程思政案例集》《卫生统计学课程思政案例集》和《百年党史中的公共卫生》9本与专业教学内容密切配合的辅助教材。这些教材以丰富、生动的专业案例，着力让学生从公共卫生与预防医学专业课程中体验和感悟爱国精神、专业精神、求实精神及奉献精神，恪守规范，自成体系，讲求情理融汇，以文化人。这样的努力，真的是难能可贵。

公共卫生与预防医学旨在以多学科融合的方式，组织社会力量共同努力，改善环境卫生条件，培养人们良好的卫生习惯和文明的生活方式，研究疾病的发生与分布规律以及影响健康的各种因素，制定预防对策和措施，预防与控制传染病和其他疾病的流行，提供医疗服务，达到促进人民身体健康、提高生命质量的目的。因此，公共卫生与预防医学学科的专业教学内容，天然地蕴含着关注人群、造福百姓、胸怀家国、服务人类命运共同体的思政教育成分。一代代为人类健康事业做出贡献的公共卫生与预防医学领域的前辈学者，更是后来者接续奋斗的不朽榜样。这些都为本学科课程思政教学奠定了厚重的学术基础，提供了丰富而感人的专业案例。

翻阅这套丛书，其中选录的 200 多个案例内容涵盖古今中外，既包括古代中国与百姓健康相关的思想和实践，也有近代欧美公共卫生与预防医学发展过程中的经验与教训；既系统讲述了苦难辉煌历程中历代中国共产党人对公共卫生事业的重视，也阐释了近年党和国家正确应对重大公共卫生事件的举措和政策；既有本学科发展历程中重要的科学实验、队列研究、疾患救治等丰富而生动的案例，又有一些因生态恶化、环境污染、劳动保护不足等引发对人群健康问题反思的个案。案例平实且深刻，专业而不造作。

习近平总书记高度关注公共卫生与预防医学事业的发展，重视高素质公共卫生人才的培养，明确提出"要建设一批高水平公共卫生学院，着力培养能解决病原学鉴定、疫情形势研判和传播规律研究、现场流行病学调查、实验室检测等实际问题的人才"①。中山大学公共卫生学院的教师们，根据习近平总书记的指示和精神，努力为公共卫生与预防医学高素质人才的自主培养添砖加瓦。相信这套由该学院各二级学科近20位教师合作主编的丛书，对于公共卫生与预防医学专业的教师和学生们来说，都是开卷有益的。

让人印象深刻的是，这套丛书自编写之初就高度重视其运用于专业教学实践的可操作性。丛书各分册的选题和公共卫生与预防医学专业本科教学基础课的体系相衔接，篇章目录与国内大多数公共卫生学院必修课的教学大纲基本一致。尽管这套丛书是集体合作的成果，汇聚了各学科专家和众多工作人员的智慧与辛劳，但保持了体例一致、章节篇幅规整和文字叙述风格相近的特点，较好地达到了专业辅助教材编写的标准。可以说，这是一项在课程思政建设中具有可重复性意义的工作，其经验值得在其他专业的课程思政教学中推广。

中山大学公共卫生与预防医学学科具有优良的办学传统和丰厚的学术积累，在筚路蓝缕、追求卓越的不凡历程中，形成了富有特色的"教学育人为主体、科学研究为先导、服务社会为己任"的办学理念，成绩斐然。尤其令人感佩的是，中山大学公共卫生与预防医学专业师生们的大爱之心和奉献精神。适逢中山大学世纪华诞之际，"公共卫生思政系列"丛书的出版，也可视为献给百年校庆的一份贺礼。

是为序。

---

① 习近平：《构建起强大的公共卫生体系为维护人民健康提供有力保障》，载《求是》2020年第18期，第7页。

目　录

第一章　绪　论 …………………………………………… 1
　第一节　课程思政教学设计 ……………………………… 1
　　一、案例教学适用范围 ………………………………… 1
　　二、课程教学目标 ……………………………………… 1
　　三、教学方法 …………………………………………… 2
　第二节　课程思政案例及分析 …………………………… 2
　　《国家环境与健康行动计划（2007—2015）》的
　　　颁布实施 ……………………………………………… 2

第二章　环境与健康的关系 ……………………………… 8
　第一节　课程思政教学设计 ……………………………… 8
　　一、案例教学适用范围 ………………………………… 8
　　二、课程教学目标 ……………………………………… 8
　　三、教学方法 …………………………………………… 9
　第二节　课程思政案例及分析 …………………………… 10
　　一、全球极端天气的环境警示 ………………………… 10
　　二、健康风险评价的发展 ……………………………… 15

第三章　大气卫生 …… 23
第一节　课程思政教学设计 …… 23
一、案例教学适用范围 …… 23
二、课程教学目标 …… 23
三、教学方法 …… 24
第二节　课程思政案例及分析 …… 25
一、印度博帕尔毒气泄漏事故 …… 25
二、山东省青岛市"11·22"中石化东黄输油管道
　　泄漏爆炸特别重大事故 …… 27
三、《大气污染防治行动计划》出台 …… 31

第四章　水体卫生 …… 36
第一节　课程思政教学设计 …… 36
一、案例教学适用范围 …… 36
二、课程教学目标 …… 36
三、教学方法 …… 38
第二节　课程思政案例及分析 …… 38
一、松花江水体污染事件 …… 38
二、1988年上海市甲型肝炎大流行 …… 44

第五章　饮用水卫生 …… 49
第一节　课程思政教学设计 …… 49
一、案例教学适用范围 …… 49
二、课程教学目标 …… 49
三、教学方法 …… 50
第二节　课程思政案例及分析 …… 51
一、伦敦霍乱 …… 51
二、饮用水水质标准的发展历程 …… 55

第六章　土壤卫生 …… 62

第一节　课程思政教学设计 …… 62
一、案例教学适用范围 …… 62
二、课程教学目标 …… 62
三、教学方法 …… 63

第二节　课程思政案例及分析 …… 64
一、江西贵溪冶炼厂周边区域土壤污染修复 …… 64
二、贵屿镇——"电子垃圾之都"的污染和修复 …… 68

第七章　生物地球化学性疾病 …… 73

第一节　课程思政教学设计 …… 73
一、案例教学适用范围 …… 73
二、课程教学目标 …… 73
三、教学方法 …… 74

第二节　课程思政案例及分析 …… 75
一、我国碘缺乏病的防治 …… 75
二、我国地方性砷中毒的防治 …… 77

第八章　环境污染性疾病 …… 82

第一节　课程思政教学设计 …… 82
一、案例教学适用范围 …… 82
二、课程教学目标 …… 82
三、教学方法 …… 84

第二节　课程思政案例及分析 …… 84
一、日本水俣病 …… 84
二、云南宣威肺癌 …… 92
三、镉大米事件 …… 96

第九章 住宅与办公场所卫生 ········· 102
第一节 课程思政教学设计 ········· 102
一、案例教学适用范围 ········· 102
二、课程教学目标 ········· 102
三、教学方法 ········· 103
第二节 课程思政案例及分析 ········· 104
一、我国首例由住宅装修引起的室内空气甲醛污染案 ········· 104
二、全国首例公路噪声污染案 ········· 108
三、远洋集团总部健康办公区 ········· 110

第十章 公共场所卫生 ········· 115
第一节 课程思政教学设计 ········· 115
一、案例教学适用范围 ········· 115
二、课程教学目标 ········· 115
三、教学方法 ········· 116
第二节 课程思政案例及分析 ········· 116
一、我国医院感染管理历程 ········· 116
二、新冠疫情下的公共场所卫生 ········· 122
三、公共场所的烟草控制 ········· 124

第十一章 城市规划卫生 ········· 129
第一节 课程思政教学设计 ········· 129
一、案例教学适用范围 ········· 129
二、课程教学目标 ········· 129
三、教学方法 ········· 130
第二节 课程思政案例及分析 ········· 131
一、城市绿化：花境在南京城市建设中的运用 ········· 131

二、城市环境噪声：中国最安静的城市——南京 … 136

第十二章　环境质量评价 ·· 142
　第一节　课程思政教学设计 ·· 142
　　一、案例教学适用范围 ·· 142
　　二、课程教学目标 ·· 142
　　三、教学方法 ·· 143
　第二节　课程思政案例及分析 ·· 144
　　一、我国环境空气质量标准的发展史 ···································· 144
　　二、河北省环境污染物经济损失评价与环境治理 ·························· 148

第十三章　家用化学品卫生 ·· 155
　第一节　课程思政教学设计 ·· 155
　　一、案例教学适用范围 ·· 155
　　二、课程教学目标 ·· 155
　　三、教学方法 ·· 156
　第二节　课程思政案例及分析 ·· 157
　　一、洗衣产品的发展历程 ·· 157
　　二、反对家用化妆品"动物实验" ······································ 160

第十四章　突发环境污染事件及其应急处理 ································ 165
　第一节　课程思政教学设计 ·· 165
　　一、案例教学适用范围 ·· 165
　　二、课程教学目标 ·· 165
　　三、教学方法 ·· 166
　第二节　课程思政案例及分析 ·· 167
　　一、重庆开县特大井喷事故 ·· 167
　　二、吉林石化爆炸事故 ·· 174

三、"8·12"天津滨海新区爆炸事故 …………… 179

第十五章　自然灾害环境卫生……………………… 184
　第一节　课程思政教学设计……………………… 184
　　一、案例教学适用范围…………………………… 184
　　二、课程教学目标………………………………… 184
　　三、教学方法……………………………………… 185
　第二节　课程思政案例及分析…………………… 185
　　一、极端天气、自然灾害频发等现象已经成为
　　　　困扰人类社会发展的问题…………………… 185
　　二、以2021年河南水灾为例：自然灾害的卫生
　　　　应急响应……………………………………… 191

第一章 绪 论

第一节 课程思政教学设计

一、案例教学适用范围

本案例适用于"环境卫生学"本科生和研究生课程中绪论的教学。

二、课程教学目标

1. 知识目标

（1）掌握环境卫生学的有关概念、环境与健康关系的基本原理、环境卫生学的研究对象和研究内容等。

（2）重点理解环境卫生学的含义及其与其他学科的关系、自然环境和生活环境对人类健康的影响、机体（基因）－环境的相互作用及其对推动环境卫生学发展的作用。

2. 能力目标

（1）通过学习，让学生了解环境卫生工作和环境卫生学今后的研究任务，区别环境卫生工作与环境卫生学之间的异同等。

（2）通过学习，让学生了解环境卫生学的发展简史和我国环境卫生工作的主要成就。

3. 价值目标

通过案例教学，使学生了解中国环境卫生的现状，激发学生为国家环境和人民健康提供助力、贡献能力的决心和热情。在此基础上，增强学生的文化自信和制度自信。

三、教学方法

本章课程适宜课堂教学。教师通过结合绪论部分的讲授，介绍我国《国家环境与健康行动计划（2007—2015）》的产生背景、指导思想、总体目标、基本原则、行动策略和保障机制。一方面，让学生了解我国环境卫生学的发展史和取得的成就、面临的问题、研究的内容；另一方面，让学生了解我国在环境与健康方面一贯秉持的以人为本、科学发展的执政理念和重视生态文明与和谐社会建设，以及体会社会主义制度的优越性。

第二节　课程思政案例及分析

《国家环境与健康行动计划（2007—2015）》的颁布实施

（一）案例内容

为了推动环境与健康工作的科学开展，保障中华人民共和国国民经济和社会发展第十一个五年规划纲要（简称"'十一五'规划纲要"）目标的顺利实现，促进经济社会可持续发展，2007年11月5日，卫生部、国家环境保护总局（简称"环保总局"）、国家发展和改革委员会（简称"发展改革委"）等18个部门联合制订发布了《国家环境与健康行动计划（2007—2015）》（卫办监督发〔2007〕279号）。

《国家环境与健康行动计划（2007—2015）》（以下简称《计划》）确定的指导思想为："贯彻以人为本和全面、协调、可持续的科学发展观，按照构建社会主义和谐社会基本要求，加强环境与健康的管理和研究，解决与人民群众利益密切相关的突出问题，减少环境污染及其健康危害风险，提高处置与服务的能力和水平，保护人民群众身体健康和生命安全，促进发展、环境、健康的和谐统一，为经济社会可持续发展提供有力保障。"《计划》规定的总体目标为："完善环境与健康工作的法律、管理和科技支撑，控制有害环境因素及其健康影响，减少环境相关性疾病发生，维护公众健康，促进国家'十一五'规划纲要中提出的约束性指标和联合国千年发展目标的实现，保障经济社会持续协调发展。"《计划》规定的保障机制是："多部门广泛参与、多学科积极支持、多方面协调配合，在立法、制定政策和执行层面采取切实有效的措施，提高环境保护和健康保护两方面成效。"

（二）案例分析

1. 思政元素

（1）《计划》突出的是以人为本的执政理念。

党中央、国务院一贯重视环境与健康问题。新中国成立伊始，我国即确立了"预防为主"的卫生工作方针，开展了轰轰烈烈的爱国卫生运动，大力整治环境卫生，为预防传染病发生和流行、保护人民身体健康、保证国家建设和经济发展发挥了积极而不可替代的作用。20世纪80年代初以来，我国政府一直将"环境保护"作为一项基本国策，合理开发利用自然资源，努力控制环境污染和生态破坏，防止环境质量恶化，保障经济社会持续发展。多年来，我国不断加强环境与健康管理和研究，环境保护和健康保护工作取得较大成绩，为维护经济建设和社会发展做出了积极贡献。

但是，相对于经济社会发展的需要，我国环境与健康保护工作仍显薄弱，工作能力和水平与现实发展的需求还存在较大差距。

特别是改革开放以来，我国经济迅速发展，物质文化极大丰富，人民群众对生活环境和健康安全的期望不断提高，而环境污染带来的环境质量下降、生态平衡破坏以及公众健康危害，越来越成为制约经济持续增长和影响社会和谐发展的关键因素。切实加强环境与健康工作，努力解决发展、环境、健康之间的突出矛盾，已经成为当前迫切需要解决的重大问题。

近年来，世界卫生组织、联合国环境规划署及其合作伙伴与成员国密切合作，努力推进环境与健康战略和政策的制定，提出了一系列加强环境与健康工作的建议，强调建立环境与健康部门之间制度性的长效合作机制，制订了国家环境与健康行动计划，以促进环境与健康工作积极发展。

为了有力地推进环境与健康工作，积极响应国际社会倡议，结合环境与健康领域存在的突出问题，我国制订了《计划》。

《计划》作为中国环境与健康领域的第一个纲领性文件，对指导国家环境与健康工作科学开展、促进经济社会可持续健康发展具有重要意义。

（2）《计划》体现了我国构建社会主义和谐社会的强大能力。

《计划》的行动策略包括六个方面。

第一，建立健全环境与健康法律法规标准体系。贯彻以人为本的执政理念，从保护公众健康权益和提高人民生活质量出发指导环境与健康工作，建立健全法律、法规、标准体系，为加强政府监管、规范社会行为、支持百姓维权提供坚实的法律依据。

第二，形成环境与健康监测网络。开展实时、系统的环境污染及健康危害监测，及时有效地分析环境因素导致的健康影响和危害结果，掌握环境污染与健康影响间的发展趋势，为国家制定有效的干预措施提供科学依据。

第三，加强环境与健康风险预警和突发事件应急处置工作。有效实施风险评估、风险预警和突发事件应急处置，提高风险预测能力和突发事件应急处置能力，避免或降低严重的环境与健康危害。

第四，建立国家环境与健康信息共享与服务系统。信息是环境与健康工作的重要基础，充分发挥信息效能，为决策、管理、研究等提供有力支持，需要有良好的信息共享和信息管理保障。

第五，完善环境与健康技术支撑建设。掌握国家环境与健康状况，根据面临的形势，开展重点领域的研究，加强科技创新和成果转化，为环境与健康工作的开展提供有力的技术支持。

第六，加强对环境与健康的宣传和交流。开展公众宣传和广泛交流，增强社会对环境与健康工作的普遍认知，争取各方面的有力支持，保证环境与健康政策、措施有效的实施。

（3）《计划》的实施诠释了社会主义制度的优越性。

为确保《计划》的实施，政府制定了多部门分工协作的保障机制。环境与健康工作是一项系统工程，需要多部门广泛参与、多学科积极支持、多方面协调配合，在立法、制定政策和执行层面采取切实有效的措施，提高环境保护和健康保护两方面的成效。组成由卫生部、环保总局为牵头部门，发展改革委、教育部、科技部、财政部、国土资源部、建设部、交通部、水利部、农业部、商务部、国家广播电视总局（简称"广电总局"）、统计局、安全监管总局、国务院法制办公室（简称"国务院法制办"）、气象局、中医药局等部门共同参与的国家环境与健康工作领导小组，研究制定国家环境与健康宏观管理政策，指导环境与健康工作科学发展；成立由卫生部、环保总局联合组成的国家环境与健康工作领导小组秘书机构，承担相关工作的运转和协调；建立国家环境与健康专家咨询委员会，为国家环境与健康工作提供咨询建议和技术支持。

卫生部、环保总局作为国家环境与健康工作的牵头部门，共同负责国家环境与健康工作的组织和协调工作，开展环境与健康相关法律法规标准制定、环境与健康监测、信息管理、风险评估以及环境污染引发突发公共事件的应急处理工作；发改委负责协调和组织制定有利于环境与健康协调发展的宏观管理和调控政策；教育部负责将环境与健康知识纳入有关课程及专题教育内容，在学校开展环境与健康宣传教育活动；科技部负责将国家环境与健康重点科技工作纳入国家科技发展规划和国家科技计划；财政部负责安排环境与健康工作所需的必要资金，加强对资金的管理和监督；国土资源部负责地质环境保护与防止地下水污染和过量开采的监测监督工作；建设部负责制订有利于环境与健康发展的城乡规划并组织开展城市供水水质保障、城市环境卫生监督管理工作，加强对城市污水处理的指导和监督，以及有关工程建设标准规范制定等相关工作；交通部负责制定促进环境保护与健康保护的交通发展政策；水利部负责拟订水资源保护规划，组织水功能区的划分和对向饮水区等水域排污的控制，负责统一管理、监测、监督水资源（含空中水、地表水、地下水），审订水域纳污能力，提出限制排污总量的意见；农业部负责农业环境与农业生物安全有关监测工作；商务部负责制定有利于环境与健康发展的相关贸易发展政策；广电总局负责环境与健康的广播电视宣传工作；统计局负责指导有关数据库和信息共享平台建设；安全监管总局负责制订作业场所的环境与健康保护规划并组织实施；国务院法制办配合有关部门开展环境与健康相关法律法规的研究、制定和修订工作；气象局负责组织气象监测与预测预报，组织对重大灾害性天气的气象联防及联合开展空气质量预测，组织气象相关研究并提供相关气象资料；中医药局负责中医药在环境与健康领域的应用研究。

2. 专业知识点

我国环境卫生学工作今后的主要任务有哪些方面？

我国环境卫生学工作今后的主要任务有五个方面：①加强环境因素健康效应的研究；②新技术、新方法的应用；③环境与健康法律法规标准体系的建设；④农村环境卫生；⑤开拓环境卫生工作的新领域。

参考文献

中华人民共和国生态环境部. 关于印发《国家环境与健康行动计划》的通知［EB/OL］.（2007-11-16）［2023-09-24］. https://www.mee.gov.cn/gkml/hbb/gwy/200910/t20091030_180715.htm.

（胡前胜）

第二章 环境与健康的关系

第一节 课程思政教学设计

一、案例教学适用范围

本案例适用于"环境卫生学"本科生和研究生课程中环境与健康的关系相关章节的教学。

二、课程教学目标

1. 知识目标

（1）掌握：人与环境的辩证统一关系、环境污染对人群的急性危害和慢性危害。

（2）熟悉：生态系统健康、环境作用因素的多样性、联合作用的类型。

（3）了解：人类自然环境的构成、环境暴露与健康效应的测量。

2. 能力目标

（1）通过极端天气事件的案例，让学生思考人与环境的辩证统一关系，认识环境污染对生态系统的危害及其特点。

（2）通过介绍国际及国内健康风险评价的发展，引导学生思考健康风险评价的公共卫生学意义，以及新时代健康风险评价的发展趋势。

（3）通过小组案例讨论，发挥学生的主观能动性，提升学生对专业知识的学习兴趣，增强学生的团队合作精神，培养学生的沟通表达能力。

3. 价值目标

（1）通过案例分析，使学生充分认识到"绿水青山就是金山银山"的理念，认识到只有通过生态文明建设，才能进一步促进人与自然和谐共生。激励学生培养责任感，努力建设美丽中国，构建人类命运共同体，造福子孙后代。

（2）注重培养学生的科学素养与社会责任感，对经济发展和环境问题做出批判性思考，深入思考如何战胜挑战、应对全球环境污染，实现人与自然和谐发展。

三、教学方法

本章课程将利用多种教学方法，让学生了解全球环境现状，理解人与环境的辩证关系，为进一步学习专业知识打下坚实的基础。此外，教师通过介绍国际及国内健康风险评价的发展历程，将理论知识和实际案例相结合，引导学生理解各指标的卫生学意义。通过向学生提问互动的方式，激发学生学习课程的兴趣，将课程教学的知识目标、能力目标和价值目标融入案例讨论。

第二节 课程思政案例及分析

一、全球极端天气的环境警示

（一）案例内容

极端天气，是指天气（气候）的状态严重偏离其平均态，在统计意义上属于不易发生的事件。通俗地讲，极端天气气候事件指的是50年一遇或100年一遇的小概率天气气候事件。其中，高温天气指日最高气温≥35 ℃，持续多日35 ℃以上的高温天气叫热浪（heatwave）。

2022年8月22日，中央气象台连续11天发布高温最高级别预警——高温红色预警。国家气候中心气候服务首席专家周兵表示，我国经历了自1961年有完整气象观测记录以来的最强高温过程，这一过程具有持续时间长、范围广、强度大、极端性强等特点。截至8月21日，高温事件在持续时间（70天）、40 ℃以上高温区覆盖范围（150万平方千米）、单站最高气温强度（45 ℃）和国家气象站破或平历史极值站数（330站）均创下新纪录。

不仅是中国，放眼全球，气温图上代表35 ℃以上高温天气的深红色和橙色广泛分布在欧洲、北非、北美、东亚等地。

在高温环境中，人体感到不适，工作效率降低，中暑、胃肠道疾病、"空调病"、心血管病的患病人数急剧增加。在老人、患者等机体抵抗力较差的人群中，因暑热而死亡的人数增加。一篇基于全球过往相关研究的综述文章显示，高温天气除了带来生理上的显性风险，还会对人们的精神健康产生负面影响。研究者发现，当热浪来临时，气温每升高1℃，相关的精神健康疾病发病率会升高0.9%，死亡率增加2.2%。低收入群体由于相对缺乏适宜的居住场所和工作环境，更容易面临由高温引起的精神疾病风险。面对极端高温天气，制冷需求迅速增大，人类消耗的能源也更多。

清洁能源占比有限，高温干旱又使风力、水力的发电受阻，人类只能燃烧更多的化石燃料来转化能源，而这进一步增加了温室气体的排放。这种恶性循环加剧了全球变暖，使夏天变得越来越热。

极端高温是人们对于气候变化的最直观的感受，但真正威胁到人类种群生存的，还是气候变化带来的次生灾害。极端高温通常伴随着干旱，从而造成全球范围内的森林大火，这不仅造成当地空气严重污染，大批居民被迫撤离，还会严重破坏人类赖以生存的地球生态系统。极端高温前后很有可能会出现超强降雨，从而导致洪涝灾害的发生。而极端天气发生频率和强度增加的深层原因，主要是人类活动导致的长期气候变化。其中，气候变暖加剧了气候系统的不稳定性。

2021年8月9日，联合国政府间气候变化专门委员会（Intergovernmental Panel on Climate Change，IPCC）在瑞士日内瓦发布的最新报告显示，人类活动的影响已经显著地导致大气层、海洋和陆地表面的温度升高，且变暖的速度之快是过去的两千年中所未有的。2021年8月4日，中国气象局气候变化中心发布的《中国气候变化蓝皮书（2021）》显示，我国是全球气候变化的敏感区和影响显著区，升温速率明显高于同期全球平均水平。1951年至2020年，我国地表年平均气温呈显著上升趋势，升温速率为0.26℃/10年；1961年至2020年，我国平均年降水量呈增加趋势，平均每10年增加5.1毫米；极端强降水事件呈增多趋势，极端低温事件减少，极端高温事件自20世纪90年代中期以来明显增多；自20世纪90年代后期以来，登陆我国的台风的平均强度波动增强；2020年，我国气候风险指数为10.8，是1961年以来第三高值①。

随着未来气候变暖加剧，未来极端高温和强降水事件将呈现多发、重发的态势。同时，许多区域的复合事件，例如高温热浪和干旱复合事件，极端降水与海平面上升、风暴潮等因素共同导致的复合型洪涝事件，发生的概率也会增加。人类将面临更大的气候风险和影响。

气候变化所造成的影响不断加大，从自然环境系统不断地向社会经济系统蔓延。持续变暖和极端事件的频发，对生态环境和社会经济发展都会构成重大的威胁。

罕见极端天气给全世界敲响了警钟，应对气候变化迫在眉睫。大幅减少温室气体排放，事关人类前途命运。2015年12月12日，联合国缔约方会议通过的《巴黎协定》提出如下目标："到本世纪末，将全球平均温升保持在相对于工业化前水平2 ℃以内，并为全球平均温升控制在1.5 ℃以内付出努力。"

我国作为发展中国家，积极承担大国责任，参与全球气候治理，实施应对气候变化的国家战略。2021年，国务院新闻办公室发布的《中国应对气候变化的政策与行动》白皮书显示，近年来，中国将应对气候变化摆在国家治理更加突出的位置，不断提高碳排放强度削减幅度，不断强化自主贡献目标，以最大努力提高应对气候变化力度，推动经济社会发展全面绿色转型。

将碳达峰、碳中和纳入生态文明建设整体布局，坚定不移走生态优先、绿色低碳的高质量发展道路，坚定不移实施积极应对

---

① 刘娟：《极端天气敲响气候变化警钟》，载《科学24小时》2022年第1期，第4-9页。

气候变化国家战略，推动碳达峰、碳中和目标如期实现，持续为应对全球气候变化做出贡献。

近10年来，我国碳减排取得显著成效，能耗强度累计降低26.2%，相当于少用能源标准煤约14亿吨，少排放二氧化碳约29.4亿吨。2020年，我国碳排放强度比2015年下降18.8%，比2005年下降48.4%，超额完成向国际社会承诺的下降40%～45%的目标[①]。然而，在长达20多年的联合国气候谈判进程中，一些发达国家总是试图逃避应负的责任，甚至挑战"共同但有区别的责任"原则，向发展中国家转嫁减排责任，迟迟不兑现为发展中国家提供资金、技术和能力建设等支持的承诺。这种缺乏诚意、回避责任的做法，延误了全球应对气候变化的进程。

（二）案例分析

1. 思政元素

（1）构建人类命运共同体。通过课堂案例，让学生深刻理解生态环境的重要性，体会环境被破坏后的灾难性后果，增强学生保护环境的意识。绿色发展是全人类共同的福祉，也是全人类共同的责任，需要大家共同努力。引导学生立鸿鹄志，做奋斗者，增强社会责任感，积极参与环保事业，知行合一，内化于心，外化于行。希望学生从自己做起，从点滴做起，珍惜自然资源，强化绿色环保理念，崇尚简约生活方式，共同呵护美丽地球和绿色家园。

（2）应对全球气候变化，中国体现大国担当。作为全球生态文明建设的参与者、贡献者、引领者，中国以实际行动为构建人与自然生命共同体不懈努力，宣布力争于2030年前实现碳达

---

① 中华人民共和国国务院新闻办公室：《中国应对气候变化的政策与行动》，见中国政府网（https://www.gov.cn/zhengce/2021-10/27/content_5646697.htm）。

峰、于2060年前实现碳中和。这是中国基于推动构建人类命运共同体的责任担当和实现可持续发展的内在要求，而做出的重大战略决策。党的二十大报告擘画了2035年我国发展的总体目标，其中强调："广泛形成绿色生产生活方式，碳排放达峰后稳中有降，生态环境根本好转，美丽中国目标基本实现。"大学生是国家培养的高级专业人才，是未来推动社会进步的栋梁之材。新时代对大学生的思想道德水平提出了更高的要求。习近平总书记在党的二十大报告中寄语广大青年："怀抱梦想又脚踏实地，敢想敢为又善作善成。"中国青年生逢其时，要有理想、敢担当、能吃苦、肯奋斗。

（3）人与自然和谐发展。习近平总书记在党的二十大报告中强调："必须牢固树立和践行绿水青山就是金山银山的理念，站在人与自然和谐共生的高度谋划发展。"中国式现代化，是人与自然和谐共生的现代化。尊重自然、顺应自然、保护自然，是全面建设社会主义现代化国家的内在要求。在全面建设社会主义现代化国家的新征程上，我们要推进美丽中国建设，坚持山水林田湖草沙一体化保护和系统治理，统筹产业结构调整、污染治理、生态保护、应对气候变化，协同推进降碳、减污、扩绿、增长，推进生态优先、节约集约、绿色低碳发展。作为祖国未来建设主力军和社会主义事业接班人的中国青年，应当努力把祖国的建设当成自己的责任，自觉担负起生态文明建设的重任。

2. 专业知识点

如何看待人与自然的辩证统一关系？

人与环境具有统一性：通过物质、能量、信息交换来达到保持动态平衡，形成统一整体。人体对环境具有适应性：人体对环境的适应性包括长期适应和短期适应。长期适应是指长期进化形成对环境的适应（如在不同纬度的人体肤色差异很大），短期适应是指生理生化调节与不利环境因素保持平衡（如人在进入黑暗的空间后，瞳孔会扩大）。人与环境之间存在相互作用：人类主动依赖、适应环境，环境为人类的生存、发展提供条件。环境因素对健康影响具有双重性，如紫外线具有杀菌、抗佝偻病、增强肌体免疫力的作用，但过量紫外线照射则具有致红斑性的作用，使皮肤色素沉着甚至产生致癌效应，并可提高人群白内障的发生率。人与环境相互作用具有生物学基础，许多疾病的发生都与机体的基因多态性有关，而人类基因组计划（human genome project，HGP）和环境基因组计划（environmental genome project，EGP）等更多的科学研究将证实，人类健康与疾病的发生是环境因素与机体相互作用的结果。

二、健康风险评价的发展

（一）案例内容

健康风险评价（health risk assessment），是基于流行病学资料、毒理学试验资料、环境化学物的暴露资料等科学数据，确定外源化学物暴露对公众健康危害的可能性，包括对有害作用性质、强度的定性分析，接触水平与可能出现损害风险水平的定量评价，以及对于评价结论和评定不确定性的分析和描述。健康风险评价不仅仅考虑外源化学物的暴露程度，还考虑个体的易感性，即个体对化学物或环境因素的敏感程度。此外，健康风险评价还会考虑其他因素，如暴露时间、累积效应和动态变化等。健康风险评价有助于对环境中的化学物进行有效的管理，其结果可为制定环境卫生标准和管理法规、进行卫生监督、采取防治对策和措施、保护环境和人群健康等提供科学依据。

国际上，对健康风险评价的研究始于20世纪30年代。此阶段采用毒物鉴定法进行急性毒性和风险性较大的健康影响定性分析。20世纪50年代，安全系数法被提出并用于估算人群的可接受摄入量。20世纪70—80年代，健康风险评价体系基本形成。

美国国家科学院（National Academy of Sciences, United States, NAS）在1983年出版的《联邦政府的风险评价：管理程序》中，将评价步骤概述为：危害识别、剂量－反应评估、暴露评价和风险表征。1986年，美国国家环境保护局（U. S. Environmental Protection Agency, USEPA；简称"美国环保局"）颁布了一系列有关健康风险评价的技术性文件、准则或指南。例如《健康风险评价导则》包括致癌性、致突变性、化学混合物、可疑发育毒物以及估算接触量五个方面内容。这一科学体系被包括欧盟和我国在内的世界多国和组织广泛采用。

我国的健康风险评价起步于20世纪90年代，潘自强院士课题组在核工业系统开展了放射性污染物、致癌化学物和非致癌化学物的环境健康综合研究。[1]

"十五"期间，环保总局组织实施了"环境污染对人体健康损害及补偿机制研究"科技攻关项目，开展环境污染对人群健康损害医学诊断标准、健康损害补偿机制与法律框架研究。2007年，科技部将环境污染的健康风险评估与技术研究列入"十一五"科技支撑计划重点研究项目，正式启动区域环境污染健康风险评价研究。

2007年11月，卫生部等18个部委联合发布《计划》，明确将"开展环境污染健康危害评价技术研究"作为行动策略之一。2011年，环境保护部发布的《国家环境保护"十二五"环境与健康工作规划》中，也将"环境与健康调查和风险评价技术与方法"的研究作为主要任务。

---

[1] 参见潘自强《中国国民剂量初步评价》，载《辐射防护》1996年第2期，第81－102页。

2010年，于云江研究员课题组建立了环境污染的健康损害调查方法与技术规范，提出区域环境污染健康风险评估研究的"六步走"：区域环境污染源调查、区域环境特征污染物识别、特征污染因子危害鉴定、剂量－反应评估、区域多暴露途径环境暴露风险评价、综合区域健康风险表征。[①] 此后，区域环境健康领域的研究多遵循此步骤。其中，剂量－反应评估是环境化学物暴露与健康损伤之间的定量评价，是健康风险评价的核心。

对于有阈化合物，未观测到有害效应剂量水平（no observed adverse effect level，NOAEL）是对无遗传毒性物质进行风险评估时常使用的一个参考点，通常采用人类终生每日摄入该外来化学物而不引起任何可见损害作用的剂量（acceptable daily intake，ADI）作为指标。由于现有的数据库中的实验参数并不是为建立ADI而设计，因此在剂量－反应评估的过程中，要在毒理学数据库中找出既有合适观察终点又有恰当染毒时间的实验结果较为困难，在此情况下需通过新的实验以确定ADI，或者通过实际摄入量和临时建立的ADI数值来判断是否需要进行新实验。2012年，孟丽苹等对全国范围内自来水厂中的9种卤乙酸进行监测，结合小鼠饮水暴露的毒性数据评估后，提出新的水厂出水二氯乙酸（TCAA）的健康指导值。2012年，郑丙辉等通过对2000—2010年我国突发性水污染事件的统计分析，建立了水污染事件污染物安全阈值计算方法。研究者同时提出，以《地表水环境质量标准（GB 3838—2002）》这一慢性暴露标准作为水污染事故应急处理依据，可能夸大了时间危害性。

在剂量－反应关系评估中，基准剂量方法（benchmark dose，BMD）扩展了动物实验或者观察性流行病学研究获得的剂量－

---

① 参见于云江《环境污染的健康风险评估与管理技术》，中国环境科学出版社2011年版，第11－34页。

反应数据的适用范围，更好地描述了潜在风险的特征并加以量化。2003年，田琳等对慢性铅接触引起肾损伤的生物接触限值进行估算，选择135名蓄电池厂工人作为铅接触者，对其血铅浓度与尿总蛋白（TP）、尿β2-微球蛋白（β2-MG）、尿N-乙酰-β-D-氨基葡萄糖苷酶（NAG）关系进行分析，并分别以尿TP、尿β2-MG、尿NAG为指标计算引起肾损害的血铅基准剂量（BMD）和基准剂量下限值（BMDL）。2021年，王烁等对汕头市氟病区儿童尿氟含量与血清碱性磷酸酶活力的相关性进行分析，并以血清碱性磷酸酶活力为指标计算尿氟BMD和BMDL值。

对无阈化学物，多采用毒理学传统的剂量-反应关系外推模型，即通过动物实验数据外推到人体的剂量-反应关系，通常采用体重、体表面积外推法或安全系数法。利用模型外推到实验剂量范围以下时，正常所得到的预测值与反应值之间的差别，可达几个数量级。因此，需要根据无阈化学物的特性及收集到的有关资料谨慎选择模型。生理药代动力学（physiologically based pharmacokinetic，PBPK）模型或生理毒代动力学（physiologically based toxicokinetics，PBTK）模型，用于描述化学物在人体内的吸收、分布、代谢和排泄特征，以及这些过程对化学物浓度-时间曲线的影响。它通过数学方程和参数来表示化学物在不同组织和器官中的浓度变化，从而帮助理解和预测化学物在机体组织或者器官的生物有效剂量。

目前，我国许多学者开始使用分类回归法综合多组实验数据，构建以暴露时间和浓度为变量的剂量-反应关系。黄德寅、张倩等先后用暴露相关剂量估算模型（ERDEM）软件构建苯的PBPK模型，结合化学物毒性数据库进行新PBPK模型的建立，进一步整合流行病学资料、哺乳动物实验结果、人体毒理学研究，建立了暴露时间-剂量-反应关系，不仅可由体外测试推导到体内测试，还可进行物种之间的推导，是健康风险评价研究领域的重要发展方向之一。

然而，无论是有阈、无阈化学物，还是何种剂量-反应评价方法，均是在流行病学调查与实验数据的基础上通过模型估算出来的。美国环保局的综合风险信息系统（integrated risk information system，IRIS），包含了540余种化学物质的致癌效应与非致癌效应毒理学数据。美国加州环保局（California Environmental Protection Agency，CalEPA）环境健康危害评估办公室构建的毒性标准数据库包含400余种化学物质的毒性资料。目前，我国的一些研究机构也建立了化学物的毒性数据库，例如上海有机所物质毒性数据库。近年来，随着计算毒理学技术的快速发展，化学物毒性数据库也在不断完善，这为进一步开展健康风险评价和环境化学物的风险管控提供了重要的数据支撑。

（二）案例分析

1. 思政元素

（1）公共卫生事业使命感和责任感。通过介绍与健康风险评价工作相关研究的进展，让学生认识到环境对人体健康影响评价工作的重要性，从而胸怀使命担当，增强其未来职业使命感及实事求是的专业素养；将正确的人生观、价值观，以及遵纪守法、严谨认真等理念融入专业知识的学习之中。培养知识性和思想性统一的高素质应用型人才，塑造有理想、有能力、有担当的新时代中国特色社会主义建设人才。

（2）与时俱进、不断学习。健康风险评价有实践性较强和内容体系不断更新的特点。在教学过程中，教师要注意培养学生与时俱进、不断学习新知识的意识和能力，不能仅局限于课本教学，还应结合生态环境部、各地生态环境保护局及政府网站上相关国家环保政策、环境质量监测数据、环境质量标准和规范等大量信息,丰富学生在网络上查询环境监测课程学习的辅助资源,充分利用现代化技术,学习和整合专业知识与信息。一方面,培养学生搜索专业知识和信息的能力,为进一步学习和工作奠定基础;另一方面,指导学生查阅环境监测国内外相关资料,了解国内外环保标准、研究方法的差异和动态,从而客观认识和正视我国环境监测基础研究及应用研究与国外的差距和不足。

(3) 全民健康是人民群众的共同追求。健康风险评价,既是随着社会发展变化不断完善的科学,又是探索人类与自然界持续和谐共生的哲学。《"健康中国2030"规划纲要》提出,没有全民健康,就没有全面小康。健康是促进人的全面发展的必然要求,是经济社会发展的基础条件。实现国民健康长寿,是国家富强、民族振兴的重要标志,也是全国各族人民的共同愿望。

2. 专业知识点

健康风险评价的定义和内容?

健康风险评价是按一定的准则,对有害环境因素作用于特定人群的有害健康效应进行综合定性、定量评价的过程。

健康风险评价的内容包括四点。

第一,危害鉴定,是健康风险评价的首要步骤,属于定性评价阶段。其目的是确定在一定的接触条件下,被评价的化学物是否会产生健康危害及其有害效应的特征。

第二,剂量-反应关系的评定,是环境化学物暴露与健康不良效应之间的定量评价,是健康风险评价的核心。确定适合人的剂量-反应曲线,并由此计算出评估危险人群在某种暴露剂量下风险的基准值。

第三,暴露评价,是健康风险评价中的关键步骤。通过暴露评价可以测量或估计人群对某一化学物质暴露的强度、频率和持续时间,也可以预测新型化学物质进入环境后可能造成的暴露水平(剂量)。

第四，风险特征分析，是健康风险评价的最后步骤。它通过综合暴露评价和剂量-反应关系评定的结果，分析判断人群发生某种危害可能性的大小，并对其可信程度或不确定性加以阐述，最终以正规的文件形式提供给危险管理人员，作为管理决策的依据。

参考文献

［1］陈迎，巢清尘. 全球气候风险的演进趋势与应对之策［J］. 人民论坛，2022（14）：20-23.

［2］黄德寅，张倩，刘茂. 苯作业职业暴露评估与致癌风险模型［J］. 中国工业医学杂志，2011，24（3）：163-167.

［3］贾宜静，朱海燕，曹洪斌，等. 生理药物代谢动力学模型及其应用［J］. 环境与健康杂志，2011，28（4）：372-375.

［4］刘娟. 极端天气敲响气候变化警钟［J］. 科学24小时，2022（C1）：4-9.

［5］孟丽苹，董兆敏，胡建英. 全国自来水厂卤乙酸浓度调查、风险评估与标准建议［J］. 中国环境科学，2012，32（4）：721-726.

［6］潘自强. 中国国民剂量初步评价［J］. 辐射防护，1996，17（2）：81-102.

［7］隋海霞，张磊，毛伟峰，等. 毒理学关注阈值方法的建立及其在食品接触材料评估中的应用［J］. 中国食品卫生杂志，2012，24（2）：109-113.

［8］田琳，赵春香，李建国，等. 慢性铅接触者肾损害早期监测指标的研究［J］. 环境与职业医学，2003，20（5）：343-346.

［9］田裘学. 健康风险评价的不确定性及癌风险评价［J］.

甘肃环境研究与监测，1999，12（4）：202-206.

[10] 王烁，李伯灵，陈少贤，等. 尿氟的基准剂量及其与改水后儿童碱性磷酸酶相关性研究[J]. 现代预防医学，2012，39（4）：819-821.

[11] 杨彦，陆晓松，李定龙. 我国环境健康风险评价研究进展[J]. 环境与健康杂志，2014，31（4）：357-363.

[12] 于云江. 环境污染的健康风险评估与管理技术[M]. 北京：中国环境科学出版社，2011：11-34.

[13] 张倩，刘茂，黄德寅. 苯暴露的致癌风险评价[J]. 中国安全科学学报，2011，21（5）：143-147.

[14] 郑丙辉，罗锦洪，付青，等. 基于人体健康风险的水污染事件污染物安全阈值研究[J]. 环境科学，2012，33（2）：337-341.

（曾晓雯　崔鑫鑫）

第三章　大气卫生

第一节　课程思政教学设计

一、案例教学适用范围

本案例适用于"环境卫生学"本科生和研究生课程中大气卫生相关章节的教学。

二、课程教学目标

1. 知识目标

（1）掌握：大气污染的来源和种类，影响大气中污染物浓度的因素。

（2）熟悉：大气的特征及其卫生学意义，主要污染物二氧化硫、颗粒物、氮氧化物的来源、健康影响和防治措施，大气污染对人体健康的影响。

（3）了解：我国大气质量标准，大气污染物对健康影响的调查和监督。

2. 能力目标

（1）结合大气卫生的三个经典案例，让学生熟悉大气污染的来源及危害，引导学生理解大气环境的优劣与人类健康状况息息相关，牢固树立大气环境与人类健康和谐统一的意识。

（2）通过小组案例讨论，激发学生的学习兴趣，增强学生的自主学习能力、沟通表达能力，培养学生的团队协作能力。

3. 价值目标

（1）通过小组案例讨论，让学生了解我国乃至世界环境保护的发展历程、存在的问题和面临的挑战，掌握环境保护的理论知识和环境污染治理的实践经验，深入学习国家环保政策理念、可持续发展战略、绿色发展之路，理解"预防为主，防治结合"的环境保护基本国策，提高学生的环保意识。

（2）通过案例教学，激发学生为实现中华民族伟大复兴而奋斗的目标，为胜任未来工作培养良好的政治素养。

三、教学方法

将视频、文献等资料结合课件进行内容讲解，应用启发式教学法，采用课堂讨论和完成小组任务等形式，使学生成为教学活动的主体，形成学生自主学习、合作学习、研究性学习和探索性学习的开放式学习氛围。与此同时，教师将思想政治教育灵活地融入教学实践活动，引导学生树立正确的世界观、人生观和价值观。

第二节　课程思政案例及分析

一、印度博帕尔毒气泄漏事故

（一）案例内容

1984年12月3日凌晨，印度中部博帕尔市北郊的美国联合碳化物公司印度子公司的农药厂突然传出几声尖利刺耳的汽笛声。紧接着，在一声巨响中，一股巨大的气柱冲向天空，形成一个蘑菇状气团并很快扩散开来。这不是一般的爆炸，而是农药厂发生的严重毒气泄漏事故。

该农药厂是美国联合碳化物公司于1969年在印度博帕尔市建立的用于生产西维因、滴灭威等农药的工厂。制造这些农药的原料是一种叫作异氰酸甲酯（MIC）的剧毒液体。该液体很容易挥发，沸点为39.6 ℃，只要有极少量气体短时间停留在空气中，就会使人感到眼睛疼痛，若浓度稍大，则会使人窒息。在博帕尔农药厂，这种令人毛骨悚然的剧毒化合物被冷却贮存在一个地下不锈钢储藏罐里，多达45吨。

12月2日晚，博帕尔农药厂工人发现异氰酸甲酯的储槽压力上升。午夜0时56分，液态异氰酸甲酯以气态形式从出现漏缝的保安阀中溢出，并迅速向四周扩散。毒气的泄漏犹如打开了潘多拉的魔盒。虽然，农药厂在毒气泄漏后几分钟就关闭了设备，但已有30吨毒气化作浓重的烟雾，以5千米/小时的速度迅速四处弥漫。很快，毒气笼罩了25平方千米的地区，数百人在睡梦中就被夺走了性命，数日内25000多人毙命。

毒气泄漏的消息传开后，农药厂附近的人们纷纷逃离家园。他们利用各种交通工具向四处奔逃。很多人被毒气弄瞎了眼睛，一路摸索着前行。一些人在逃命的途中死去，尸体堆积在路旁。至1984年年底，该地区有2万多人死亡，20万人受到波及，附近的3000头牲畜也未能幸免。在侥幸逃生的受害者中，孕妇大多流产或产下死婴，有5万人可能永久失明或终身残疾。[①]

（二）案例分析

1. 思政元素

（1）完善相关法律制度，避免恶性事故。印度博帕尔毒气泄漏事件的发生并非偶然，而是发达国家将高污染及高危害企业向发展中国家转移的一个典型案例。第一，跨国公司对本国与工厂引入国的执行标准不同，引入国当地政府环境执法不严。美国联合碳化物公司瞄准了印度环境标准低、外资引进导向不健全等缺陷，将杀虫剂产业转移到印度博帕尔，并以当地标准安装工厂设备、建造安全防护。该公司在印度的工厂没有计算机系统监测储藏罐，更没有火灾警告装置。第二，工厂为降低生产成本而牺牲安全防护。灾难发生前，工厂内部文件已经列出近百个安全不达标的隐患。但是，出于成本的考虑，管理方未对安全隐患进行整改，地方政府也没有相应机构监督执行。因此，针对境外工厂的引进，发展中国家应制定并完善法律法规体系，有详细且具体的规定，如制定环境或工业事故受害者赔偿法，制定公害病患者的诊断标准和公害病流行区的判定标准等。与此同时，训练一批掌握这些标准的医务人员，加强卫生保健和卫生宣教，提高有害作业工厂附近的居民防护意识，一旦发生事故能进行自我保护；

[①] 参见劳动保护编辑部《印度博帕尔毒气泄漏事故再反思》，载《劳动保护》2015年第5期，第80－82页。

卫生部门更应有应急预案，遇到突发事故能立刻做出反应，组织抢救。

（2）坚持可持续发展原则，严格绿色低碳准入要求。为了发展而引进外资的国家，需要进一步加强对外资准入企业的污染转移控制，防止污染密集型产业转移入境，加强对化学工业品的进口管制，强化环保审批程序。在"加快构建以国内大循环为主体、国内国际双循环相互促进的新发展格局"下，更要进一步防止一些污染密集型产业和高碳产业，我国将这些产业逐渐转移到中西部地区。因此，要以生态保护红线和规划环评为抓手，明确产业项目低碳准入要求，加快出台各领域的绿色低碳标准规范。

2．专业知识点

大气污染对人体健康有什么危害？

大气污染对人体健康的危害有四个方面：①危害呼吸系统，如引起气管炎、支气管炎；②危害心血管系统，如诱发血栓；③致癌作用；④增加人群死亡率。

二、山东省青岛市"11·22"中石化东黄输油管道泄漏爆炸特别重大事故

（一）案例内容

2013年11月22日10时25分，位于山东省青岛市经济技术开发区的中国石油化工股份有限公司管道储运分公司东黄输油管道泄漏原油进入市政排水暗渠，在形成密闭空间的暗渠内油气积聚遇火花发生爆炸，造成62人死亡、136人受伤，直接经济损失75172万元。

事故发生后，党中央、国务院高度重视。习近平总书记作出

重要指示，要求组织力量，及时排除险情，千方百计搜救失踪、受伤人员并查明事故原因，总结事故教训，落实安全生产责任，强化安全生产措施，坚决杜绝此类事故。事故调查组按照"四不放过"和"科学严谨、依法依规、实事求是、注重实效"的原则，通过现场勘验、调查取证、检测鉴定和专家论证，查明了事故发生的经过、原因、人员伤亡和直接经济损失情况，认定了事故性质和责任，提出了对有关责任人和责任单位的处理建议，提出了事故防范措施和建议。

潍坊输油处青岛输油站位于山东省青岛市胶州市，是潍坊输油处下属的管道运行维护单位，负责管理东黄输油管道胶州、高密界至黄岛油库的94千米管道。东黄输油管道于1985年建设，1986年7月投入运行，起自山东省东营市东营首站，止于青岛市经济技术开发区黄岛油库。事故发生段管道沿开发区秦皇岛路东西走向，采用地埋方式敷设。其中，北侧为青岛丽东化工有限公司厂区，南侧有青岛益和电器集团公司、青岛信泰物流有限公司等企业。事故发生时，东黄输油管道输送埃斯坡、罕戈1∶1混合原油，密度为0.86吨/立方米，饱和蒸汽压为13.1千帕，蒸汽爆炸极限为1.76%～8.55%。油品属轻质原油，原油出站温度为27.8 ℃，满负荷运行出站压力为4.67兆帕。

11月22日2时12分，潍坊输油处调度中心通过数据采集与监视控制系统发现东黄输油管道黄岛油库出站压力从4.56兆帕降至4.52兆帕，两次电话确认黄岛油库无操作因素后，判断管道泄漏。为处理泄漏的管道，工作人员现场决定打开暗渠盖板，动用挖掘机，采用液压破碎锤进行打孔破碎作业，作业期间发生爆炸。爆炸时间为11月22日10时25分。爆炸造成秦皇岛路桥涵以北至入海口、以南沿斋堂岛街至刘公岛路排水暗渠的预制混凝土盖板大部分被炸开，与刘公岛路排水暗渠西南端相连接的长兴岛街、唐岛路、舟山岛街排水暗渠的现浇混凝土盖板拱起、开裂和局部炸开，全长波及5000余米。爆炸产生的冲击波及飞溅物造成现场抢修人员、过往行人、周边单位和社区人员，以及青岛丽东化工有限公司厂区内排水暗渠上方临时工棚及附近的作业人员等共62人死亡、136人受伤。爆炸还造成周边多处建筑物不同程度损坏，多台车辆及设备损毁，供水、供电、供暖、供气多条管线受损。泄漏原油通过排水暗渠进入附近海域，造成胶州湾局部污染，直接经济损失达75172万元。

经调查认定，山东省青岛市"11·22"中石化东黄输油管道泄漏爆炸特别重大事故是一起生产安全责任事故。[1]

（二）案例分析

1. 思政元素

（1）坚持科学发展、安全发展，牢牢坚守安全生产红线。牢固树立科学发展、安全发展的理念，牢牢坚守"发展决不能以牺牲人的生命为代价"这条红线。要把安全生产纳入经济社会发展总体规划，建立健全"党政同责、一岗双责、齐抓共管"的安全生产责任体系，坚持管行业必须管安全、管业务必须管安全、管生产经营必须管安全的原则，把安全责任落实到领导、部门和岗位，谁踩红线谁就要承担后果和责任。在发展地方经济、加快城乡建设、推进企业改革发展的过程中，要始终坚持安全生产的高标准、严要求，各级各类开发区招商引资、上项目不能降低安全环保等标准，不能不按相关审批程序搞特事特办。政府规划、企业生产与安全发生矛盾时，必须服从安全需要；所有工程设计必须满足安全规定和条件。

---

[1] 参见国务院山东省青岛市"11·22"中石化东黄输油管道泄漏爆炸特别重大事故调查组《山东省青岛市"11·22"中石化东黄输油管道泄漏爆炸特别重大事故调查报告》，见中华人民共和国应急管理部网（https://www.mem.gov.cn/gk/sgcc/tbzdsgdcbg/2013/201306/t20130626_245228.shtml）。

(2) 切实落实企业主体责任，加大政府监督管理力度。中石化集团公司及各油气管道运营企业要认真履行安全生产主体责任，加大人力物力投入，加强油气管道日常巡护，保证设备设施完好，确保安全稳定运行。要建立、健全隐患排查治理制度，落实企业主要负责人的隐患排查治理第一责任，实行谁检查、谁签字、谁负责，做到不打折扣、不留死角、不走过场。山东省和青岛市的各级人民政府及相关部门，应认真履行油气管道保护的相关职责。各级人民政府要加强本行政区域内油气管道保护工作的领导，督促、检查有关部门依法履行油气管道保护职责，组织排查油气管道的重大外部安全隐患。市政管理部门在市政设施建设中，对可能影响油气管道保护的，要与油气管道企业沟通会商，制定并落实油气管道保护的具体措施。油气管道保护工作主管部门要加大监管力度，对打孔盗油、违章施工作业等危害油气管道安全的行为要依法严肃处理；要按照后建服从先建的原则，加大油气管道占压清理力度。安全监管部门要配备专业人员，增强监管力量；要充分发挥安全生产委员会办公室的组织协调作用，对油气管道、城市管网开展暗查暗访，深查隐蔽致灾隐患及其整改情况。

(3) 全面提高应急处置水平，健全完善安全标准规范。中石化集团公司和山东省、青岛市各级人民政府及其有关部门，要高度重视油气管道应急管理工作。各级领导干部要带头熟悉、掌握应急预案内容和现场救援指挥的必备知识，提高应急指挥能力。油气管道企业要根据输送介质的危险特性及管道状况，制定有针对性的专项应急预案和现场处置方案并定期组织演练，检验预案的实用性、可操作性。地方各级人民政府要紧密结合实际，制定包括油气管道在内的各类生产安全事故专项应急预案，建立政府与企业的沟通协调机制，开展应急预案联合演练，提高应急响应能力；要根据事故现场情况及救援需要及时划定警戒区域，疏散周边人员，维持现场秩序，确保救援工作安全有序；要组织力量加快开展油气管道普查工作，摸清底数，建立管道信息系统和事故数据库，深入研究油气管道可能发生事故的成因机理，尽快解决油气管道规划、设计、建设、运行面临的安全技术和管理难题；要吸取国内外好的经验和做法，开展油气管道安全法规标准、监管体制机制对比研究，完善油气管道安全法规，制定油气管道穿越城区的安全布局规划设计、检测频次、风险评价、环境应急等标准规范；要开展油气管道长周期运行、泄漏检测报警、泄漏处置和应急技术研究，提高油气管道安全保障能力。

2. 专业知识点

油气泄漏导致的急性大气污染事件发生后，应该采取哪些措施？

油气泄漏导致的急性大气污染事件发生后，应该采取的措施有：①识别可能发生的突发事件，并按规定编制应急预案；②应急预案要与周边单位、沿线居民和政府主管部门等及时沟通，更新联系信息；③配备资源应满足应急响应的要求；④保留应急管理各活动环节的记录。

三、《大气污染防治行动计划》出台

（一）案例内容

2013年9月，国务院发布《大气污染防治行动计划》（以下简称"大气十条"）。这是当前和今后一个时期，全国大气污染防治工作的行动指南。党中央、国务院高度重视大气污染防治工作，将其作为改善民生的重要着力点，作为生态文明建设的具体行动，作为统筹稳增长、调结构、促改革，打造中国经济升级版的重要抓手，并作出全面部署。"大气十条"在深入研究、反复论证的基础上发布实施，体现了党中央科学严谨、实事求是、对人民群众高度负责的态度，以及坚持以人为本、着力改善环境、保障公众健康权益的坚定决心。

我国的大气污染问题是长期积累形成的。治理大气污染的任务重、难度大，必须付出长期艰苦的努力；必须坚持防治大气污染人人有责，在全社会树立"同呼吸、共奋斗"的行为准则；必须坚持在保护中发展、在发展中保护，实现环境效益、经济效益和社会效益的多赢。

"大气十条"按照政府调控与市场调节相结合、全面推进与重点突破相配合、区域协作与属地管理相协调、总量减排与质量改善相同步的总体要求，提出要加快形成政府统领、企业施治、市场驱动、公众参与的大气污染防治新机制，本着"谁污染、谁负责，多排放、多负担，节能减排得收益、获补偿"的原则，实施分区域、分阶段治理。"大气十条"提出，经过五年努力，使全国空气质量总体改善，重污染天气较大幅度减少；京津冀、长三角、珠三角等区域空气质量明显好转。力争再用五年或更长时间，逐步消除重污染天气，全国空气质量明显改善。具体指标是：到2017年，全国地级及以上城市可吸入颗粒物浓度比2012年下降10%以上，优良天数逐年提高；京津冀、长三角、珠三角等区域细颗粒物浓度分别下降25%、20%、15%左右，其中北京市细颗粒物年均浓度控制在60 $\mu g/m^3$ 左右。

为实现以上目标，"大气十条"确定了十项具体措施：一是加大综合治理力度，减少多污染物排放。全面整治燃煤小锅炉，加快重点行业脱硫、脱硝、除尘改造工程建设。综合整治城市扬尘和餐饮油烟污染。加快淘汰黄标车和老旧车辆，大力发展公共交通，推广新能源汽车，加快提升燃油品质。二是调整优化产业结构，推动经济转型升级。严控高耗能、高排放行业新增产能，加快淘汰落后产能，坚决停建产能严重过剩行业违规在建项目。

三是加快企业技术改造，提高科技创新能力。大力发展循环经济，培育壮大节能环保产业，促进重大环保技术装备、产品的创新开发与产业化应用。四是加快调整能源结构，增加清洁能源供应。到2017年，煤炭占能源消费总量比重降到65%以下。京津冀、长三角、珠三角等区域力争实现煤炭消费总量负增长。五是严格投资项目节能环保准入，提高准入门槛，优化产业空间布局，严格限制在生态脆弱或环境敏感地区建设"两高"行业项目。六是发挥市场机制作用，完善环境经济政策。中央财政设立专项资金，实施以奖代补政策。调整完善价格、税收等方面的政策，鼓励民间和社会资本进入大气污染防治领域。七是健全法律法规体系，严格依法监督管理。国家定期公布重点城市空气质量排名，建立重污染企业环境信息强制公开制度。提高环境监管能力，加大环保执法力度。八是建立区域协作机制，统筹区域环境治理。京津冀、长三角区域建立大气污染防治协作机制，国务院与各省级政府签订目标责任书，进行年度考核，严格责任追究。九是建立监测预警应急体系，制定完善并及时启动应急预案，妥善应对重污染天气。十是明确各方责任，动员全民参与，共同改善空气质量。这十项措施的有效实施，将对改善重点区域大气质量产生积极影响。

（二）案例分析

1. 思政元素

（1）打好污染防治攻坚战，实现生态文明建设。打好污染防治攻坚战，是党中央着眼党和国家发展全局，顺应人民群众对美好生活的期待作出的重大战略部署，是一项伟大而艰巨的历史任务和时代使命。国务院出台"大气十条"，坚决向污染宣战，大力推进供给侧结构性改革。自实施之日起到2018年以来，污染防治攻坚战成绩斐然，累计退出钢铁产能1.7亿多吨、煤炭产能8亿多吨，完成燃煤电厂超低排放改造7亿多千瓦、气代煤470多万户。生态文明建设是中华民族永续发展的根本大计，无论是从世界还是从中华民族的文明历史看，生态环境的变化直接影响着文明的兴衰演替。必须坚持节约资源和保护环境的基本国策，坚定走生产发展、生活富裕、生态良好的文明发展道路，为中华民族永续发展留下根基，为子孙后代留下天蓝、地绿、水净的美好家园。

（2）保护生态环境就是保护生产力，改善生态环境就是发展生产力。绿水青山既是自然财富、生态财富，又是社会财富、经济财富。保护生态就是保护自然价值和增值自然资本，就是保护经济社会发展潜力和后劲。必须树立和贯彻新发展理念，平衡好发展与保护的关系，推动形成绿色发展方式和生活方式，努力实现经济社会发展和生态环境保护协同共进。传统高污染、高耗能产业在逐步转型，污染防治攻坚战在深入进行，山水林田湖草沙一体化保护在逐步开展，美丽中国建设在稳步推进，"绿水青山就是金山银山"等绿色理念逐步深入人心。我国生态环境保护发生了历史性、转折性、全局性变化，我国经济社会建设在新时代新征程上迎来了高质量发展的光明前景。中国已经成为全球生态文明建设的重要参与者、贡献者和引领者。在新时代新征程上，正确处理好经济社会发展同生态环境保护之间的关系，以实际行动贯彻落实好生态文明思想，推动实现更高质量、更有效率、更加公平、更可持续、更为安全的发展，走出一条生产发展、生活富裕、生态良好的文明发展道路，进而建设天更蓝、山更绿、水更清的优美环境，维护好绿色这个大自然的底色，不但是指引我国经济社会发展在世界百年未有之大变局中乘风破浪、行稳致远的必然选择，而且是事关中华民族伟大复兴和永续发展的千秋大计。

2. 专业知识点

大气污染的控制措施有哪些？

大气污染的控制措施主要有两个方面。

（1）规划措施：①合理安排工业布局，调整工业结构；②完善城市绿化系统；③加强居住区内局部污染源管理。

（2）工艺和防护措施：①改善能源结构，大力降低能耗；②控制机动车尾气污染；③改进生产工艺，减少废气排放。

参考文献

［1］国务院山东省青岛市"11·22"中石化东黄输油管道泄漏爆炸特别重大事故调查组. 山东省青岛市"11·22"中石化东黄输油管道泄漏爆炸特别重大事故调查报告［EB/OL］. (2013－06－26)［2022－10－20］. https://www.mem.gov.cn/gk/sgcc/tbzdsgdcbg/2013/201306/t20130626_245228.shtml.

［2］申富强. 保护生态环境就是保护生产力，改善生态环境就是发展生产力［EB/OL］. (2022－06－06)［2022－10－20］. https://news.gmw.cn/2022－06/06/content_35788459.htm.

［3］王振刚. 印度博帕尔毒气泄漏事件对中国的启示［J］. 科学中国人，1995（2）：50－51.

［4］张榕. 从世界十大环境污染事件看环境污染后果及对策［J］. 当代化工研究，2019（2）：6－8.

（王丽杰　林薇薇）

第四章　水体卫生

第一节　课程思政教学设计

一、案例教学适用范围

本案例适用于"环境卫生学""预防医学"本科生和研究生课程中水体卫生相关章节的教学。

二、课程教学目标

1. 知识目标

（1）根据水质评价指标对天然水质的物理、化学、微生物性状进行客观的定性和定量分析、评价。

（2）水体污染的定义、水体污染的三大主要来源、水体富营养化现象的概念及原因。

（3）水体自净的概念、影响水体自净过程的因素、水体自净过程的基本特征及污染物在水环境中的转归，生物富集、生物放大作用的原理及定义。

（4）了解水体被生物性致病因子和藻类毒素污染后，可能会引起的与水有关的疾病和健康危害。

（5）《地表水环境质量标准（GB 3838—2002）》的制定原则、主要指标、制定依据及主要的研究方法，污水排放标准与地表水环境质量标准的关系。

（6）医院污水的特点、医院污水处理及常用的消毒方法和排放标准。

（7）水体污染的卫生调查。包括污染源、污染现状、对居民健康影响三方面的内容。

（8）江河水系水体污染的监测方法和内容。包括采样断面的设置与采样点的确定、采样时间及次数、水质监测项目、水体底质的概念及监测意义等。

（9）通过案例分析了解疾病控制部门在水体卫生监督管理工作中的任务及职责。

2．能力目标

（1）通过理论授课，使学生掌握水体卫生相关概念、水体自净相关机制、水体污染及其危害。

（2）通过案例讨论，让学生了解水体污染公共安全事件的发生、发展过程。

（3）通过实验课教学，让学生掌握水体采样的方法技术，熟悉水体卫生标准。

3．价值目标

（1）通过小组案例讨论，让学生更深入了解水体污染带来的后果，以及水体卫生在日常生活中的重要性，深入理解习近平总书记提出的"绿水青山就是金山银山"的发展理念，以可持续发展、人与自然和谐共生为目标，以水资源环境承载能力为基础，以水体净化自然规律为准则，防止水体污染、水质恶化，保护水体资源，保持水环境生态的良好。

（2）通过实验教学，让学生熟悉水样采集的方法，了解水体各项生物、物理和化学指标的测定方法。比较近年来国家水环境质量的整体变化情况，培养学生环境保护意识的同时，感知我国在水环境治理方面的决心和信心，增强学生对我国"绿色发展"的道路自信、理论自信、制度自信、文化自信。

（3）通过典型的水体污染与健康调查案例，展示公共卫生学者在对待学术问题时科学、严谨的态度，以及为了人民健康的"医者仁心"，为学生树立人生榜样，使学生形成正确的价值观。

三、教学方法

本章课程适宜采用案例讨论和实验教学，线下理论课程授课可采用教师讲授、学生听课、小组案例讨论等授课形式。学生提前自学讨论案例和实验内容。教师提出讨论问题，将课程教学的知识目标、能力目标和价值目标融入案例讨论。实验课教学可对应教材中水体污染的卫生调查设计水体采样方法教学，理论联系实际，提高学生学习的积极性和主动性。

第二节　课程思政案例及分析

一、松花江水体污染事件

（一）案例内容

2005年11月13日，中国石油天然气股份有限公司吉林石化分公司双苯厂硝基苯精馏塔发生爆炸。本次事故造成8人死亡，60人受伤，直接经济损失6908万元，并引发松花江水污染事件。①

爆炸事故发生后,国家环保总局召开的新闻发布会称,泄漏的部分物料和循环水及事故抢救现场消防水与残余物料的混合物,经公司东10号线流入松花江。其中,大约含有100吨强致癌有毒物质苯、硝基苯,有可能造成松花江水体苯类物质含量严重超标。携带这些有害物质的松花江水顺流而下,在江面上形成一条长约80千米的污染带,严重威胁松花江下游沿岸直接或间接以松花江为饮用水源的松原、哈尔滨、佳木斯等市数百万居民的饮用水安全。由于哈尔滨的四方台取水口直接从松花江取水,在污水带通过时,哈尔滨市停水四天。其间,哈尔滨市还出现种种恐慌现象。恐慌带来的饮用水和食品抢购风潮,甚至引发弃城危机,严重影响当地的社会稳定。②

松花江水体污染公共卫生安全事件,是以常态水体污染为起点,经过一定的过程和阶段之后,演变为扰乱社会正常秩序和运转机制的公共安全事件。在事件爆发前,松花江水系从总体上来看,已经遭受污染。根据国家2004年公布的《中国环境状况公报》显示的结果,松花江水系的41个水质检测断面中,Ⅰ—Ⅲ类水质仅占监测断面的21.9%,属于中度污染。但是,哈尔滨市四方台取水口水源地周围的水质基本能保持在Ⅲ类左右水质,并且在经过处理后都能达到Ⅲ类以上的水质标准,暂时没有对人们的饮用水安全构成威胁。③而突发性生产事故的爆发,使苯类污染物在短时间内积累并超量存在,水体污染从积累阶段迅速进

---

① 参见安全监管总局政策法规司《吉化"11·13"特大爆炸事故及松花江特别重大水污染事件基本情况及处理结果》,见中华人民共和国应急管理部网站(https://www.mem.gov.cn/gk/sgcc/tbzdsgdcbg/2006/200612/t20061221_245275.shtml)。

② 参见丁莞歆《中国水污染事件纪实》,载《环境保护》2007年第14期,第83-85页。

③ 参见国家环境保护总局《2004中国环境状况公报》,载《环境保护》2005年第6期,第18页。

入警告阶段。根据国家环保总局的通报显示，2005年11月14日10时，吉林化工分公司东10号线入江口水样有强烈的苦杏仁气味，苯、苯胺、硝基苯、二甲苯等主要污染物指标均超过国家规定标准；松花江九站（站名）断面苯类指标全部检出，以苯和硝基苯为主，右岸超标100倍，左岸超标10倍以上。但由于对水体污染公共卫生安全事件的重视程度不够以及信息失真、传递效率低下等原因，错过了灾害发生后的应急响应时机。黑龙江省财政专门安排1000万元资金，专项用于污染事件应急处理。哈尔滨市政府于11月18日实施了多方面干预措施：对松花江沿岸进行全线的水体监测点布置，增加监测的频率；召集多方面的专家商讨净化方案；筹集活性炭等净水物资对水体实施净化等。①

目前，松花江水系内实行最严格的水资源管理制度，全面落实管理责任制，初步构建了控制指标体系。根据2016年、2017年的监测数据，松花江干流已有90.48%的监测断面水质达到Ⅲ类及以上标准，大部分河段水质较好。但流经城镇、村屯的干、支流河段，普遍存在河道内垃圾沿河堆放或倾倒入河现象，生活垃圾污染仍需重视。

（二）案例分析

1. 思政元素

（1）水体卫生事关公共卫生与生态文明建设。

水体污染以及水体污染公共卫生安全事件的发生，对当地居民的身体健康以及当地的生态文明建设产生负面影响。以松花江的苯类物质污染事件为例，居民若饮用苯类物质超标的水，可能

---

① 参见国家环保总局《环保总局通报松花江水污染情况》，见中国政府网（https://www.gov.cn/ztzl/2005-11-23/content_107333.htm）。

会对人体的造血系统、免疫系统等各方面造成伤害。在松花江遭受严重污染后哈尔滨市紧急停水的四天时间内，恐慌在民众中蔓延，有人哄抢饮用水和食物，甚至出现弃城现象。这些都表明，水体卫生对人的重要性，良好的水质是良好生态环境中不可或缺的一部分，是最普惠的民生福祉之一，也是生态文明建设中重要的一环。

近年来，面对水环境污染的严峻紧迫形势，党中央、国务院坚决向水污染宣战，颁布了《水污染防治行动计划》，提出坚决打好污染防治攻坚战的决策，扎实推进碧水保卫战。在水源地保护、城市黑臭水体治理、农业农村污染治理、长江保护修复、渤海综合治理等标志性战役中取得重大进展，污染治理成效不断显现，环境质量明显改善。截至2021年，全国295个地级及以上城市（不含州、盟）基本消除黑臭水体；全国10638个农村日供水千吨或服务万人以上水源地保护区全部完成划定；全面完成长江入河、渤海入海排污口排查，完成黄河干流上游和中游部分河段排污口排查；开展长江经济带工业园区污水处理设施整治专项行动，1064家工业园区全部建成污水集中处理设施。

此外，党的十八大将生态文明建设纳入中国特色社会主义事业"五位一体"总体布局。党的十九大将"坚持人与自然和谐共生"作为新时代坚持和发展中国特色社会主义的十四条基本方略之一，将"增强绿水青山就是金山银山的意识"正式写入党章，将新发展理念、生态文明和建设美丽中国等内容写入宪法。我国生态文明战略地位得到显著提升，生态文明建设和生态环境保护成为国家高质量发展的重要组成部分。

如今，"绿水青山就是金山银山"的理念已经成为全党、全社会的共识和行动。全国推动绿色发展的自觉性和主动性显著增强，美丽中国建设迈出重大步伐。我国生态环境保护已经发生历史性、转折性、全局性变化。

（2）防微杜渐，增强企业社会责任感。

在事故爆发前，松花江水系虽然暂时没有对人们的饮用水安全构成威胁，但从总体上来看已经遭受污染。对于排放污染物的企业来说，应当增强其社会责任感，做到防微杜渐，积极整改，共同维护水体卫生安全，保障人民健康。企业不能把污染留给社会，环保不仅是企业对社会的责任，更是企业能够长久生存的法则。

企业的环境责任包括在产品设计、材料选购、工艺制造、成品出厂等过程中，应严格按国家标准，注重减少污染和保护环境。企业应对"三废"①进行积极治理，努力减少直至消除污染物，与周围自然环境及当地民众和谐相处。近半个世纪以来，环境革命已经改变了企业对待环境的态度，使企业承担起保护环境的社会责任。这是国家法律法规对企业的要求，也是企业能为社会大众所认可和接受、走上可持续发展道路的必然要求。

（3）依法治理水污染，健全国家法制体系。

"坚持用最严格制度最严密法治保护生态环境"，是习近平生态文明思想的核心要义之一。2021年11月2日，中共中央、国务院印发的《关于深入打好污染防治攻坚战的意见》指出，要以实现减污降碳协同增效为总抓手，以改善生态环境质量为核心，深入打好蓝天、碧水、净土保卫战，并就持续打好长江保护修复攻坚战、巩固提升饮用水安全保障水平等工作提出具体的指导意见。

我国已将新发展理念、生态文明和建设美丽中国等内容写入宪法，业经逐步完善水环境相关法律法规标准体系，致力于做好《中华人民共和国水污染防治法》《中华人民共和国长江保护法》《中华人民共和国黄河保护法》《中华人民共和国海洋环境保护

---

① "三废"：废气、废水及废渣的总称。

法》《中华人民共和国环境影响评价法》《中华人民共和国生态环境监测条例》等生态环境法律法规的制定或修订工作。同时，建立健全生态补偿制度、河湖长制、环境保护的"党政同责""一岗双责"等一系列重要制度，更加突出精准治污、科学治污、依法治污。

2．专业知识点

（1）松花江水体污染事件中主要的污染物是什么？对人体有何危害？

松花江水体污染事件中主要的污染物为苯类物质，主要有苯、苯胺、硝基苯和二甲苯。苯类物质中毒对身体的造血系统和神经系统造成伤害，急性中毒会导致中枢系统的麻痹，出现昏迷、抽搐等症状；慢性中毒则使造血功能损伤，血细胞计数降低，严重时可出现再生障碍性贫血和白血病；苯胺还有致癌作用。

（2）水体遭受污染后应如何开展卫生学调查？水质状况的标准如何界定？

从监测断面的设置（对照断面、污染断面、自净断面）、采样点的设置、采样时间和次数、水质监测项目等方面进行调查。水质状况标准，可参考最新的《地表水环境质量标准（GB 3838—2002）》进行讨论。

（3）水体遭受污染后应如何预防类似的事件再次发生？

以减少污染负荷、增强环境自净能力为原则，应从六个角度预防类似的事件再次发生：①减少耗水量，开发新水源；②调整产业结构和布局；③加强科研；④建立水资源保护区；⑤建立水资源管理制度；⑥加强宣传教育，提高人们保护水资源的意识。

二、1988年上海市甲型肝炎大流行

（一）案例内容

1988年，上海市甲型肝炎大流行（简称"上海甲肝大流行"），主要由市民食用受到甲肝病毒污染的毛蚶引起。

1988年1月18日至19日，上海市市民中突发的不明原因发热、乏力、呕吐、厌食和黄疸等病例由33例激增至134例，之后数日内更是成倍增长。至1月底，每日新增甲肝病人最高达约1万例。2月1日，新增病例数甚至高达1.9万例。此次疫情来势迅猛，波及面广，呈现出突发性紧急疫情的特点，一度引起社会恐慌。上海市政府及卫生防疫系统紧急采取了多项措施应对严重的疫情，号召"全市动员起来打一场防治甲肝的人民战争"。医护和相关工作人员在得到消息后，第一时间冲在了最前面。统计显示，当时全市10多万医务人员中，有6万多人站在防治肝炎的第一线。他们一方面设置隔离点，另一方面增设床位。全市共增设了12541个隔离点和118104张床位，尽一切可能多收治病人，以避免产生新的传染源。同时，上海市卫生局组织开展临床调查。结果显示，85%的甲肝病人在病发前曾食用过毛蚶，并且一个家庭中存在两个人以上发病的情况很多，发病时间比较集中。专家由此认定，此次疫情的发生与食用毛蚶存在很大的关系。①

然而，对于这样的判断，很多人提出质疑，因为还无法确定

---

① 参见蒋云倩《1988年，上海打赢了一场甲肝大流行防治战 | 改革开放亲历者说》，见东方网（http://dangjian.eastday.com/n1129148/n1129149/u1ai12083593.html）。

甲肝就是毛蚶引起的。原上海医科大学公共卫生学院院长、流行病学教授俞顺章第一时间站了出来，支持毛蚶致甲肝的观点。为了证实毛蚶的致病性，他带领科研人员赶赴毛蚶的原产地——江苏启东。很快，他们在毛蚶体内找到了甲肝病毒，以直接证据证实了毛蚶就是甲肝的罪魁祸首。此外，徐志一、胡善联、汪建翔等流行病学专家，也冒着寒风驶往吕泗渔场，通过直接打钻的方式取出海底毛蚶。他们用甲肝固相酶联免疫吸附法和cDNA分子探针杂交方法，进一步证明了吕泗海底毛蚶体内确实有甲肝病毒存在。之后，他们又在2万余人的血清流行病学研究中，通过狨猴实验和VERO细胞甲肝病毒培养，获得毛蚶传播这次甲肝暴发的病原学证据，并发现生食毛蚶量与甲肝发病率之间的剂量效应关系。至此，在完整的证据支持下，证实了上海地区1988年的甲肝暴发流行原因是生食毛蚶。[①]

上海市政府颁布措施禁售毛蚶，通过媒体呼吁公众勿再食用毛蚶，并养成勤洗手等卫生习惯以切断传播途径，控制疫情。政府还通过媒体努力向公众传播甲肝的相关知识，以消除市民的忧虑，缓解社会上的恐慌情绪。

1988年3月上旬，上海全市新发病例数明显下降，没有出现第二个发病高峰。到3月底，疫情基本得到控制，甲肝入院病人逐步减少。据统计，1988年，有1250万人口的上海，甲肝发病人数高达35万余人，直接经济损失至少5亿元人民币。

上海甲肝大流行来势之猛、发病之集中、覆盖面之广，成为中国历史乃至世界史上一次罕见的特大食物型甲肝暴发流行。也正是本次甲肝大爆发，促使《中华人民共和国传染病防治法》（简称《传染病防治法》）出台。本次甲肝大流行也使得上海市

---

① 参见王刚、李芳菲《1988年上海成功应对甲肝疫情的措施与经验》，载《上海党史与党建》2020年第4期，第34-39页。

政府开始重视突发传染病疫情的防控，并逐步建立了传染病的防控应急预警机制。公众也意识到生食毛蚶的巨大风险，逐步改善了饮食和卫生习惯。

（二）案例分析

1．思政元素

（1）"为人民服务"的医者仁心。

医务工作者是人民生命健康的守护者。为人民提供最好的卫生与健康服务是广大医务工作者的追求与奋斗所向。

在上海甲肝疫情防控的关键时刻，6万多医务人员第一时间站在抗疫一线，用实际行动诠释了"为人民服务"的医者仁心，展现了救死扶伤、医者仁心的崇高精神，为人民群众筑起一道护佑健康和生命的钢铁长城。

（2）正确认识事物的两面性。

凡事都充满了两面性，在对立统一中发展，只看事物的一面而忽视另一面都是偏颇的。1988年上海甲肝大流行虽然造成了大量的人力、物力、财力损失，但在这个过程中，我们从疫情中反思，吸取教训，也在灾难中积累了宝贵的财富。一方面，这场甲肝疫情来势猛、发病集中、覆盖面广，使之成为中国历史乃至世界史上一次罕见的特大食物型甲肝暴发流行；另一方面，也正是这次甲肝肆虐，促使《传染病防治法》出台，促进了我国传染病防治走向法制化道路，为我国突发传染病疫情的防控提供了宝贵经验。因此，我们遇到问题应学会从辩证的角度、用发展的眼光看待问题。

（3）向前辈学习，坚定理想信念，厚积薄发，砥砺前行。

公共卫生是以提高公众健康为目的，从群体视角出发认识健康、疾病及医疗卫生服务等相关问题，并采用群体手段应对有关问题的一门科学。促进健康、预防疾病、延长寿命是公共卫生的终极目的，因此，公共卫生对于国家安危、人民生命安全具有重要意义。

我国公共卫生事业的起步和发展，离不开老一辈公共卫生人的努力奋斗。从公共卫生学专家、中国检疫与防疫事业的先驱、"鼠疫斗士"伍连德教授，到提出初级卫生保健策略、"中国公共卫生之父"陈志潜教授，再到我国流行病学奠基人之一、提出"地域性防治血吸虫病"对策的苏德隆教授，以及上海甲肝大流行中不畏质疑、攻坚克难，对待学术问题科学、严谨的俞顺章、徐志一等老一辈公共卫生学专家，他们为中国公共卫生事业发展奠定了坚实的基础，为国家防疫体系的完善做出卓越的贡献，无不展现公共卫生人恪守本职、探索创新的专业操守，勇担责任、矢志不渝的家国精神，以及甘于奉献、为国奋斗的使命担当。每位公共卫生人都应用心感悟先辈精神，向前辈们学习，把优良传统融入血脉，坚定理想信念、厚积薄发，砥砺前行，做出应有贡献。

2020年9月8日，在全国抗击新冠肺炎疫情表彰大会上，习近平总书记发表讲话："青年一代不怕苦、不畏难、不惧牺牲，用臂膀扛起如山的责任，展现出青春激昂的风采，展现出中华民族的希望！"青年一代的公共卫生人，要立足高远，将科学研究落实到支持疫情防控和公共卫生决策上，为着力提高应对重大突发公共卫生事件的能力与水平、构造强大的公共卫生体系、完善疾病预防控制体系、建设平战结合的重大疫情防控救治体系而不懈努力。公共卫生人任重道远。

2. 专业知识点

水体污染会对人体健康产生哪些危害？

水体污染对人群健康的危害是多方面的：生物性污染会引起介水传染病、藻类毒素中毒等；物理性污染可使水质感官性状恶化、造成放射性污染甚至引起放射病等；化学性污染可导致急、慢性中毒，或致癌、致畸、致突变等。

参考文献

[1] 蔡文静. 1988年上海的甲肝疫情及防治［D］. 南昌：江西师范大学，2022.

[2] 佘廉，雷丽萍. 基于案例的水体污染公共安全事件诱发过程分析［J］. 阅江学刊，2011（3）：50-55.

[3] 赵靓，廉喜旺. 吉林省松花江治理保护现状分析［J］. 东北水利水电，2019，37（5）：47-48.

[4] 中共中央 国务院关于深入打好污染防治攻坚战的意见［EB/OL］.（2021-11-07）［2022-10-22］. https://www.gov.cn/zhengce/2021-11/07/content_5649656.htm.

（胡立文 吴思翰）

第五章 饮用水卫生

第一节 课程思政教学设计

一、案例教学适用范围

本章案例适用于"环境卫生学"本科生和研究生课程中饮用水卫生相关章节的教学。

二、课程教学目标

1. 知识目标

（1）掌握：饮用水生物性污染与介水传染病的发生和流行特点；饮用水卫生标准及其制定原则和依据；我国饮用水卫生标准中各项指标的卫生学意义及应用。

（2）熟悉：介水传播的趋势；饮用水卫生标准项目的分类；饮用水氯化消毒副产物的种类和成因；世界卫生组织制定的饮用水水质标准。

（3）了解：藻类及其代谢产物对健康的危害；高层建筑二次供水污染（生物性、化学性）对健康的影响；引起高层建筑二次供水污染的原因；混凝沉淀的原理。

2. 能力目标

（1）通过1854年伦敦霍乱暴发的案例，让学生思考霍乱暴发的原因、传播途径和流行特点。

（2）通过课程，引导学生将流行病传播的三大要素和流行分布从霍乱推广到介水传染病，培养其独立思考分析的能力。

（3）通过介绍我国饮用水卫生标准的修改变革，引导学生思考饮用水各指标的卫生学意义，以及制定标准的原则和依据。

3. 价值目标

（1）介水传染病是饮用水污染的重要健康危害之一，通过学习介水传染病，引导学生将环境卫生学和流行病学的内容进行有机结合。

（2）通过介绍伦敦霍乱案例，激发学生在科研中坚持孜孜不倦、勇于探索的科学信念，引导学生进一步思考，关注饮用水卫生的问题。

（3）通过介绍饮用水卫生标准的修订历史，加深学生对饮用水安全的认识，以及明确科学技术的不断进步是人民健康的重要保障。

三、教学方法

本章课程将利用多种教学方法，从疾病定义、病原体种类、传播过程、流行病学分布和防控这五个方面，较为系统地向学生介绍介水传染病，让学生对饮用水卫生的危害有初步的了解，为后续课程打下基础。教师通过介绍我国饮用水卫生标准的沿革，将理论知识和实际案例相结合，引导学生触类旁通，理解饮用水卫生标准各指标的卫生意义。通过向学生提问互动的方式，激发学生学习课程的兴趣，加深学生对饮用水污染健康危害，以及饮用水卫生标准制定的原则和目的的理解。

第二节 课程思政案例及分析

一、伦敦霍乱

（一）案例内容

介水传染病，指通过饮用或接触受病原体污染的水，或食用被这种水污染的食物而传播的疾病（又称水性传染病）。有超过40种传染病可通过水传播，一般以肠道传染病多见。联合国发展计划署在《2006年人类发展报告》中指出，全球有11亿人用水困难，每年有180万儿童死于不洁净用水引发的腹泻。

霍乱是由霍乱弧菌引起的烈性肠道传染病，发病急、传播快，主要通过污染的水源或饮食经口传染，在我国属于甲类传染病。

伦敦霍乱是指1854年发生在伦敦的一次严重的传染病事件，夺走了1万多人的生命。伦敦霍乱被称为英国有史以来暴发的最严重的霍乱。当时，伦敦的一名医生约翰·斯诺（John Snow，1813—1858）以发现霍乱介水传播而广为人知。他的调查方法也为现代流行病学的创立和发展奠定了基础。而流行病学作为一门学科，在此后的疾病暴发的溯源与防控中起到重要的作用。因此，斯诺被称为"流行病学之父"。

1854年8月底，居住在伦敦西区Soho社区的斯诺诊所接诊了一名症状为腹痛、喷射性呕吐、米泔样便的患者。接下来的三天里，宽街（Broad Street）附近有127人死亡。短短一周时间内，斯诺居住的Soho社区的死亡人数已经超过常住人口的1/10。

到9月10日，当地约500人死亡。当时伦敦的医生大多笃信恶劣的空气（特别是瘴气）和被工业污染的空气，是霍乱传播的罪魁祸首。

斯诺却认为，事实并非如此。为追查疫情，他在病情严重的Soho社区挨家挨户访谈调研，了解居民及其家庭成员的患病情况。同时，他向死亡登记处申请查阅霍乱死亡者的相关信息。斯诺记录病人的住处，并标注在地图上，形成点地图（这张图后来以"霍乱死亡地图"著称于世）。他还将每个街区的每个水泵以及四周的压水井都标注到地图上。斯诺发现，大部分死亡病例出现在宽街和剑桥街（Cambridge Street）交叉口处的水泵附近。他意识到，或许水源才是霍乱的真正传播媒介。宽街的用水由泵井提供。当时，伦敦的下水道系统还不完善，排污主要是通过原始的污水坑和化粪池，未经处理的污水和动物粪便直接排入泰晤士河，导致水环境恶劣。通过调查，斯诺还发现，由于自来水公司从泰晤士河被污染的水段取水，然后输送到各家住户，从而增加了霍乱的发病率。他追踪了宽街泵井附近包括学校、餐馆、企业和酒吧等在内的数百例霍乱病例以论证泵井水源传播。在确定了宽街水泵是霍乱的源头之后，斯诺向当地区委会报告了自己的发现。之后，宽街水泵被禁止使用。随后几天，宽街居民中没有新发病例报道。此外，斯诺还推荐了几种实用的疾病预防措施，例如清洗肮脏的衣被、勤洗手和呼吁民众饮用煮沸后的开水等。这些措施取得了良好的效果，霍乱在Soho社区的暴发得到了控制。[1]

由此，伦敦政府陆续采取了相应的措施来保障用水安全。1859年，伦敦政府进行了大规模下水道改造；1871年，英国出

---

[1] 参见陆伟芳《从伦敦宽街泵井中追寻霍乱传播的真相》，见《光明日报》2020年4月13日第14版。

台了《大都市水法》；1876年，英国出台了《河流污染防治法》。政府开始对饮用水卫生进行严格的管控。

(二) 案例分析

1. 思政元素

（1）学习科学家孜孜不倦探索真理的信念。

真理是认识主体对客观对象及其规律的正确反映，实践是检验真理的唯一标准。人们通过实践发现真理，又通过实践检验真理、证实真理和发展真理。真理具有客观性，它的内容是不依赖于主体而存在的。真理又具有绝对性和相对性，人的认识，是由无数相对真理不断接近绝对真理的无限发展过程。真理同错误相比较而存在，相斗争而发展。

在关于霍乱病因的大讨论中，瘴气学说大行其道。医学界主流认为，霍乱来自不干净的空气。这种说法并非毫无根据，1840年，英国率先完成工业革命，伦敦工厂林立，机器轰鸣，整个城市笼罩在烟雾和熏天臭气当中。因此，人们倾向于将这污浊的空气与霍乱联系起来。斯诺也在苦苦思考着同样的问题，他发现霍乱患者的食道是第一个受到影响的器官，感觉霍乱是由于进入消化道的"毒物"引起的而非吸入呼吸道的"毒气"。斯诺亲赴疫区，进行详细的调查。他的"宽街实验"，有力地证明了霍乱与饮用水的关系。1853年，他公开发表了《论霍乱的病理学和传播方式》，提出了完整的霍乱传播理论。但大部分医生、政府官员、教士，对斯诺的理论充满质疑，并对瘴气学说深信不疑。直至斯诺去世，他的理论也没被用于霍乱防治。但是，真理可能暂时居于下风，却不会被永远埋没。威廉·法尔（William Farr，1807—1883）原本是一个质疑斯诺理论的科学家，但经过大量的调查，他发现肢体接触、空气、下水道蒸汽对霍乱仅有轻微的影响，反而饮用供水公司的水和饮用河水感染霍乱的风险更高。

法尔成功证实了斯诺理论,并得到越来越多医学界的支持。最终,1859年伦敦立法并建立公共卫生体系,霍乱再也难以兴风作浪。1883年,德国微生物学家罗伯特·科赫(Robert Koch)成功发现并分离了霍乱弧菌,完整地证明了水中的霍乱弧菌才是霍乱的真实元凶,为霍乱之谜画上了一个完美的句号。

在全球化进程中,地方性疾病有可能变成全球性疾病。2019年年末,由新型冠状病毒(COVID-19)引发的疫情席卷全球。面对这场全球性的疫情,我们应该吸取霍乱的历史教训,不断地去探索真理,用实践去检验真理,抛开隔阂与偏见,团结全球的力量科学抗疫、战胜病毒。

(2)公共卫生意识在传染病防控中的重要作用。

为了防治霍乱,英国政府采取了相应的措施:1859年,伦敦政府进行大规模下水道改造;1871年,英国出台《大都市水法》严格管控饮用水卫生;1876年,英国出台《河流污染防治法》。在这些有力的措施下,霍乱在英国难以再兴风作浪。

这说明,公共卫生意识在传染病防控中起着重要作用。在我国,人们先后经历了2003年的SARS(严重急性呼吸综合征)疫情、2019年年末的新型冠状病毒感染[①]疫情(简称"新冠疫情")。疫情促进了民众公共卫生意识的觉醒并使之不断提高。公共卫生安全问题关系到广大民众的安危,每个个体都可在其中发挥作用,都可以参与到公共卫生安全的治理中。如果没有广大民众"少出门、戴口罩"等防护措施,新冠疫情的防控难度可想而知。而且传染病的传播途径复杂,包括空气飞沫传播、接触传播、血液传播等,因此,加强公共卫生意识有助于改变大众不

[①] 2020年2月7日,国家卫生健康委员会将"新型冠状病毒感染的肺炎"暂命名为"新型冠状病毒肺炎",简称"新冠肺炎"。2022年12月26日,国家卫生健康委员将"新型冠状病毒肺炎"更名为"新型冠状病毒感染"。

良的行为习惯从而降低传染病传播的风险。公共卫生学子未来大多从事公共卫生行业，开展传染病和慢性病防控工作。我们要充分运用所学知识，通过不断地宣传教育和积极引导，让民众更加全面深刻地意识到公共卫生安全的重要性，从而提高公共卫生意识，助力国家安全。

2．专业知识点

（1）介水传染病的流行特点是什么？

从时间分布、地区分布和人群分布去描述。

（2）如何描述介水传染病的传播过程？

从传染源、传播途径和易感人群去描述。

（3）介水传染病的防控措施有哪些？

控制传染源、切断传播途径和保护易感人群。

二、饮用水水质标准的发展历程

（一）案例内容

饮用水的不洁净引起介水传染病的传播和流行，是全球，尤其是贫穷地区重要的公共卫生问题。世界卫生组织《饮用水水质准则》指出，微生物是威胁饮用水安全的首要问题。早在古罗马和公元初时期，人们就已经开始将水质、水质卫生和疾病的发生联系起来。人类历史上最早的关于饮用水水质优劣的标准，是由古罗马建筑师和工程师马尔库斯·维特鲁威·波利奥（Marcus Vitrurius Pollio）于公元前1世纪提出来的。他根据水在煮沸以后的反应、蔬菜在水中煮熟以后的味道以及人们饮用水后对健康的影响，确定水质的好坏。这体现了人们对饮用水安全的最早认识。

人们对饮用水中污染物危害健康的认识，最早是从致病细菌开始的。例如1853年的伦敦霍乱大暴发，让人们意识到水中病原体与传染性疾病之间存在关联。随着人们对水中微生物与人体健康的认识以及相关检测方法的发展，美国于1914年提出了第一个具有现代科学意义的水质标准。该标准的条款仅限于细菌性水质指标，它规定总细菌含量限值为100 CFU/mL（一直沿用至今）。此外，标准还规定在5个超过10 CFU/mL的受检样本中，包含大肠杆菌的子样不应多于1个。该标准制定后被广泛采用，并于1925年、1942年、1946年和1962年修订。近年来，各国的饮用水卫生标准都在不断更新和提高。世界卫生组织《饮用水水质准则》中水源性疾病的病原体指标，由最初的2项增加到第4版的28项。发展中国家饮用水不安全主要与这些地区不能使用合适的消毒技术、消毒管理水平相对较差有关。随着对饮用水标准的重视和消毒技术的不断发展，全球范围内饮用水的卫生安全问题得到较好的控制。

我国在2006年《生活饮用水卫生标准（GB 5749—2006）》中，加强了对水质有机物、微生物和水质消毒等方面的要求，明确保证饮用水安全。与1985年发布的旧标准（GB 5749—1985）相比，饮用水水质指标从35项增至106项。其中，微生物指标由2项增至6项；饮用水消毒剂指标由1项增至4项；毒理指标中无机化合物由10项增至21项；毒理指标中有机化合物由5项增至53项；感官性状和一般理化指标由15项增至20项；放射性指标仍为2项；统一了城镇和农村饮用水卫生标准，实现了饮用水标准与国际接轨。这对提升我国饮用水水质、保障饮用水水质安全发挥了重要作用。

随着社会和科学的不断发展，根据人民群众对美好生活的向往和原标准实施过程中出现的新问题，我国于2022年3月15日公布《生活饮用水卫生标准（GB 5749—2022）》，并于2023年4月1日正式实施。新标准将2006年标准中的"非常规指标"调整为"扩展指标",以反映地区生活饮用水水质特征及在一定时间内或特殊情况的水质特征。指标数量由 2006 年标准的 106 项调整为 97 项,包括常规指标 43 项和扩展指标 54 项。新标准的变化有四个特征。

(1) 更加关注感官指标。近年来,受水污染影响,部分水源在特定条件下发生藻类暴发等情况,造成饮用水中臭和味超标,影响水质安全。因此,新标准增加了 2-甲基异莰醇、土臭素这两项感官指标作为扩展指标。

(2) 更加关注饮用水消毒副产物。新标准将饮用水中检出率较高的一氯二溴甲烷、二氯一溴甲烷、三溴甲烷、三卤甲烷、二氯乙酸、三氯乙酸六项消毒副产物指标从非常规指标调整到常规指标,以加强对上述指标的管控。同时,考虑到氨(以 N 计)的浓度对消毒剂的投加有较大影响,将其从非常规指标调整到常规指标。

(3) 更加关注潜在健康风险。一方面,对近年来我国使用量逐渐增加、在部分地区饮用水中检出较为广泛的对健康有潜在危险的乙草胺和高氯酸两个物质,将其新纳入监测指标;另一方面,对我国多年前已禁止生产使用的物质,结合近年来我国饮用水的检测/监测情况,新标准将三氯乙醛、硫化物、氯化氰(以 CN- 计)、六六六(总量)、对硫磷、甲基对硫磷、林丹、滴滴涕、甲醛、1,1,1-三氯乙烷、1,2-二氯苯、乙苯等 12 项指标从标准正文中删除。水质参考指标由《生活饮用水卫生标准 (GB 5749—2006)》的 28 项调整为 55 项。

(4) 新标准调整了 8 项指标的限值:一是取消了在水源或净水条件受限制时部分指标限值的放宽;二是提高了某些指标限值,如水中游离氯余量的上限值从 4 mg/L 调整为 2 mg/L 等。这部崭新的《生活饮用水卫生标准(GB 5749—2022)》是我国饮用水卫生工作人员近年来非常重要的工作成果,有利于提高水质管控的精准性，将有力推动我国给水供水行业的设备更新改造，强化饮用水安全应急能力建设，为保障我国人民饮用水安全和人民身体健康起到重要的支撑作用。

(二) 案例分析

1. 思政元素

（1）饮用水安全问题是关系国计民生的重要公共安全问题。

饮水是最大、最重要的民生问题，关系到每个人的健康和生命安全及社会稳定。饮水安全是人类健康和生命安全的基本保障。获得安全的水资源是维护人类健康和生态系统完整性的前提，也是各国发展的需要。保障饮用水安全，已经成为世界各国当前面临的主要挑战。21世纪，全球的总目标之一就是保障供水安全。

饮用水安全问题直接关系到广大人民群众的健康。切实做好饮用水安全保障工作，是维护最广大人民群众根本利益、落实科学发展观的基本要求，是实现全面建设小康社会目标、构建社会主义和谐社会的重要内容，是把以人为本真正落到实处的一项紧迫任务。

当前，饮用水安全形势仍十分严峻，不少地区水源短缺，有的城市饮用水水源污染加重，一些农村地区饮用水存在苦咸或含有高氟、高砷及血吸虫病原体等问题，对人民群众身体健康构成严重威胁。国家把"保障供水安全，提高供水水质"作为一个战略目标，同时大力倡导"节能减排、节水减污、保护水源"。每个公共卫生学子，也应当为保护水资源贡献自己的一份力量。

（2）实现人民对美好生活的向往是新时代的奋斗目标。

习近平总书记在党的二十大报告中着眼全面建设社会主义现代化国家的目标任务，对增进民生福祉、提高人民生活品质做出重要部署，"必须坚持在发展中保障和改善民生，鼓励共同奋斗创造美好生活，不断实现人民对美好生活的向往"。学习贯彻党的二十大精神，就要坚持以人民为中心的发展思想，不断实现发展为了人民、发展依靠人民、发展成果由人民共享，让现代化建设成果更多更公平惠及全体人民。

党的十八大以来，党中央把人民对美好生活的向往作为奋斗目标，深入贯彻以人民为中心的发展思想，在幼有所育、学有所教、劳有所得、病有所医、老有所养、住有所居、弱有所扶上持续发力，全方位改善人民生活。10年来，人民群众的获得感、幸福感、安全感更加充实、更有保障、更可持续，共同富裕取得新成效。

不断实现人民对美好生活的向往，关键在于实现好、维护好、发展好最广大人民群众的根本利益，紧紧抓住人民最关心、最直接、最现实的利益问题，坚持尽力而为、量力而行，深入群众、深入基层，采取更多惠民生、暖民心举措，着力解决好人民群众急、难、愁、盼的问题，健全基本公共服务体系，提高公共服务水平，增强均衡性和可及性，扎实推进共同富裕。

党的二十大报告指出："江山就是人民，人民就是江山。中国共产党领导人民打江山、守江山，守的是人民的心。治国有常，利民为本。为民造福是立党为公、执政为民的本质要求。必须坚持在发展中保障和改善民生，鼓励共同奋斗创造美好生活，不断实现人民对美好生活的向往。"一路走来，党紧紧依靠人民交出了一份又一份载入史册的答卷。面向未来，只有继续依靠人民才能创造新的历史伟业。坚持把实现人民对美好生活的向往作为现代化建设的出发点和落脚点，着力维护和促进社会公平正义，着力促进全体人民共同富裕，让人民生活更加幸福美好，就一定能汇聚起14亿多人民心往一处想、劲往一处使的磅礴力量，共同创造更加灿烂的明天。

2. 专业知识点

（1）饮用水的常用消毒方法主要有哪些？

饮用水的消毒是指杀灭水环境中病原微生物的方法，以此切断饮用水水质中病原微生物的途径，预防传染病的发生和流行。主要消毒方法有氯化消毒、二氧化氯消毒、紫外线消毒和臭氧消毒。

（2）氯化消毒副产物对人体健康有哪些危害？

饮用水的氯化消毒副产物是指在氯化消毒过程中氯与水中有机物反应所产生的卤代烃类化合物。常见的氯代消毒副产物主要有两类：一类为挥发性卤代有机物，如三卤甲烷等；另一类为非挥发性卤代有机物，如卤代乙酸等。氯化消毒副产物对健康的危害包括遗传毒性、三致效应、生殖发育毒性等。

（3）饮用水水质的常规指标分为哪几类？

饮用水水质的常规指标分为五类：①微生物指标；②毒理指标；③感官性状和一般化学指标；④放射性指标；⑤消毒剂指标。

（4）饮用水卫生标准及其制定原则是什么？

饮用水卫生标准是保证水质安全，衡量供水部门的供水质量标准，也是开展饮用水卫生工作、监测和评价饮用水水质的依据。

饮用水卫生标准的制定原则包括：①水中不得有病原体，保证在流行病学上的安全性；②水中化学物和放射性物质浓度对人体健康无害；③水的感官性状良好。在选择指标和确定标准限制时要考虑经济技术的可行性。

参考文献

[1] 郭新彪. 环境医学概论 [M]. 北京：北京医科大学出版社，2002.

［2］刘文君，王小毛，王占生. 饮用水水质标准的发展：从卫生、安全到健康的理念［J］. 给水排水，2017，43（10）：1-3，61.

［3］杨克敌，鲁文清. 现代环境卫生学［M］. 3版. 北京：人民卫生出版社，2019.

［4］杨克敌，郑玉建，郭新彪，等. 环境卫生学［M］. 8版. 北京：人民卫生出版社，2017.

（曾晓雯　张　艺）

第六章 土壤卫生

第一节 课程思政教学设计

一、案例教学适用范围

本章案例适用于"环境卫生学"本科生和研究生课程中土壤卫生相关章节的教学。

二、课程教学目标

1. 知识目标

（1）掌握：土壤污染的概念、来源以及土壤污染的自净；持久性有机污染物的特性；土壤的卫生防护措施。

（2）熟悉：土壤的环境容量的概念；土壤环境污染的基本特点；污染物在土壤中的转归；持久性有机污染物对健康的危害。

（3）了解：城市垃圾无害化处理和利用；有害工业废渣的处理措施；污染土壤修复的基本原理及常用方法。

2. 能力目标

（1）以江西贵溪冶炼厂周边区域土壤修复为例，引导学生思考土壤污染的概念、来源以及土壤污染的基本特点，以及污染土壤修复的技术和常用方法，培养其问题解决能力。

（2）以汕头市贵屿镇电子垃圾的污染与恢复为例，让学生掌握重金属、持久性有机污染物的特性与危害，引导学生思考应当如何结合实际制定土壤防护措施。

3. 价值目标

（1）土壤污染是一个重要的环境问题，通过学习土壤污染的来源及其特点，让学生能够重视我国的土壤污染问题。

（2）通过学习江西贵溪冶炼厂周边区域土壤修复案例，让学生将理论知识与实际应用相结合，加深学生对土壤污染治理的了解。

（3）通过介绍汕头市贵屿镇电子垃圾污染与恢复，引导学生进一步思考，倡导学生学习绿色新发展理念，关注土壤卫生问题。

三、教学方法

本章课程将采用讲授法和课堂讨论等方法，从土壤污染的定义、来源、特点和土壤污染的修复等方面入手，让学生充分认识土壤污染危害的严重性以及治理必要性。通过介绍电子垃圾的来源、产生背景以及目前的污染现状，以互动提问、案例讲解的形式，让学生对电子垃圾污染的危害有初步的了解，进而引导学生进一步思考、关注土壤卫生问题。

第二节 课程思政案例及分析

一、江西贵溪冶炼厂周边区域土壤污染修复

（一）案例内容

土壤污染（soil pollution），是指在人类生产和生活中排出的有害物质进入土壤中，超过一定限量，直接或间接地危害人畜健康的现象。

2005年4月至2013年12月，我国开展了首次全国土壤污染状况调查。调查的范围是除香港特别行政区、澳门特别行政区和台湾省以外的陆地国土，调查点位覆盖全部耕地，部分林地、草地、未利用地和建设用地，实际调查面积约630万平方千米。调查结果显示，全国土壤环境状况总体不容乐观，部分地区土壤污染较重，耕地土壤环境质量堪忧，工矿业废弃地土壤环境问题突出。工矿业、农业等人为活动以及土壤环境背景值高是造成土壤污染或超标的主要原因。全国土壤总的超标率为16.1%，其中轻微、轻度、中度和重度污染点位比例分别为11.2%、2.3%、1.5%和1.1%。污染类型以无机型为主，有机型次之，复合型污染比重较小，无机污染物超标点位数占全部超标点位的82.8%。[①]

江西铜业股份有限公司贵溪冶炼厂于20世纪80年代初期落

[①] 参见中华人民共和国环境保护部、中华人民共和国国土资源部《全国土壤污染状况调查公报》，载《环境教育》2014年第6期，第7-10页。

户贵溪，占地面积3862亩。目前，贵溪冶炼厂已形成两台闪速炉双系统多系列生产格局，具备年产阴极铜102万吨生产能力，是国内最大、最现代化的铜生产基地，是黄金、白银、硒、碲、铼等稀有贵金属和硫化工产品的重要生产基地，也是世界首个单厂阴极铜产量超百万吨的炼铜工厂。冶炼厂由于早期没有合理控制冶炼过程中所产生的废渣、废水和废气的排放，经过30多年的累积，已经对周边环境造成不同程度的污染，严重影响周边群众的正常生活和生产。其中的主要污染物是重金属铜和镉。2008年，环保部南京环境科学研究所在江铜贵冶周边区域对部分农地的地表水、土壤、水稻等进行采样分析，结果表明，对照《食用农产品地环境质量评价标准（HJ 332—2006）》中的土壤环境质量评价指标限值，调查区域内农田土壤中铜（Cu）的超标率为100%，镉（Cd）的超标率为87%～100%。2012年年初，贵溪市政府开始对江铜贵冶周边区域重金属污染土地实施规模化修复治理工程。

当前，重金属污染土壤的修复技术主要有客/换土法、土壤淋洗法、稳定化法、电动修复和植物修复等。每种修复技术都有其适用范围和优缺点，修复技术的选择不仅要全面考虑技术的特点，同时还应充分考虑修复成本、修复目标、未来土地的利用方式、污染物种类、污染程度和修复周期等一系列因素。因此，根据修复技术本身的特点，结合修复区当地的经济发展水平和大面积治理的现实，客土法、土壤淋洗法、电动修复、固定化和热脱附等技术对于这样一片大面积的污染农田不具有修复的经济性与生态环境可行性。其主要原因是工程量大、成本高、土壤理化性质恶化，修复后不利于农田的利用和作物的生长。鉴于此，该工程提出的修复技术总体思路为"调理—消减—恢复—增效"，具体如下：

（1）调理：用物理调节＋化学改良，调理被污染土壤中重金属的介质环境；

（2）消减：用物理化学－植物/生物联合的方法，降低污染土壤重金属总量或有效态含量；

（3）恢复：在调理污染土壤介质环境、降低土壤重金属毒性的基础上，联合植物及农艺管理技术，建立植被，逐渐恢复污染土壤的生态功能；

（4）增效：增加污染修复区土地的生态效益、经济效益和社会效益。

经过修复，贵溪冶炼厂周边区域的土壤有效态铜和镉的下降幅度均在50%以上，修复目标实现。污染土壤中重金属有效态的降低，为植物生长创造了条件。而植物的生长又为裸露的地表提供了植被覆盖，进而达到固持水土、减少重金属径流和地下水入渗的效果，同时也改善和美化了景观。大面积污染农田在施用改良材料后，种植的巨菌草等植物能够生长，农田植被得到恢复，从而有利于昆虫和鸟类的栖息与繁殖以及污染土壤生态系统的恢复，治理区生态效益显著提升。[①]

（二）案例分析

1. 思政元素

（1）因地制宜，具体问题具体分析。

本案例中，由于污染区域面积大、污染程度差异大、土地利用方式不同，单一的修复模式和路线并不可行，需要因地制宜，具体问题具体分析。综合考虑当地的实际情况之后，贵溪市政府决定采用分区、分类、分级、分段的方法来修复受污染的土壤。

首先，根据地理位置和空间单元将要治理的2000多亩污染

[①] 参见周静《重金属污染土壤修复技术的现状和展望——以江西贵溪冶炼厂周边区域土壤修复示范项目为例》，载《世界环境》2016年第4期，第48－53页。

区按地理、地形和耕地利用方式分为若干片区，采用"一区一策"，将治理技术个性化，使治理效果与治理成本达到理性平衡。其次，按照土壤中主要重金属污染物类型进行划分进而采取不同的治理技术措施。再次，按照土壤中主要重金属污染的程度（轻度、中度和重度）划分，采用不同的治理目标和技术方案。最后，在工程实施中，按照先易后难，先选用改良材料配方等关键技术，后采用农艺措施等一般性技术，形成土壤污染治理的"物理＋化学－生物/农艺一体化集合技术"。将土壤污染修复和耕地综合利用有效结合起来，使治理产生效果，耕地产生效益；将主要技术形成规范，转化为可落地、可复制、可借鉴的治理工程经验。

在实际的污染治理中，每一个案例都会有自己的特点，因此，需要结合当地的实际情况，考虑成本、技术、效益问题来制定污染修复方案。

（2）"绿水青山就是金山银山"，经济发展不能以破坏生态为代价。

习近平总书记在党的二十大报告中指出，要推动绿色发展，促进人与自然和谐共生。尊重自然、顺应自然、保护自然，是全面建设社会主义现代化国家的内在要求。必须牢固树立和践行"绿水青山就是金山银山"的理念，站在人与自然和谐共生的高度谋划发展。实践证明，经济发展不能以破坏生态为代价，生态本身就是经济，保护生态就是发展生产力。

在实践中牢固树立"绿水青山就是金山银山"的理念，关键要把握好"绿水青山"与"金山银山"之间的关系。习近平总书记曾明确指出："我们既要绿水青山，也要金山银山。宁要绿水青山，不要金山银山，而且绿水青山就是金山银山。"保护生态环境功在当代、利在千秋。在推进新时代中国特色社会主义伟大事业过程中，我们必须牢固树立"绿水青山就是金山银山"

的理念，正确认识和把握"绿水青山"和"金山银山"的辩证统一关系，把生态环境保护放在更加突出的位置，不能以破坏生态环境为代价来发展经济，要像保护眼睛一样保护生态环境，像对待生命一样对待生态环境，推进绿色发展，打好蓝天、碧水、净土保卫战，让美丽多姿的绿水青山为我们带来富饶丰盛的金山银山。

2. 专业知识点

（1）土壤污染有什么基本特点？

土壤污染的基本特点有四个：①隐蔽性；②累积性；③不可逆转性；④长期性。

（2）土壤污染的来源有哪些？

土壤污染的来源有六个：①工业污染；②农业污染；③生活污染；④交通污染；⑤灾害污染；⑥电子垃圾污染。

二、贵屿镇——"电子垃圾之都"的污染和修复

（一）案例内容

电子垃圾（electronic waste）也称电子废弃物，是指被废弃不再使用的电器或电子设备，包括日常生活中使用的各种电脑、家用电器、通信设备等。电子垃圾中含有铅（Pb）、镉（Cd）、汞（Hg）等重金属元素，多溴联苯醚（PBDEs）、多氯联苯（PCBs）等持久性有机污染物和其他毒物。我国的电子垃圾污染主要是复合污染。首先，电子垃圾拆解场对当地土壤、水体会产生严重、长期、不可逆的污染。其次，对电子垃圾废弃物原始的处理、焚烧，也会产生大量二噁英等有毒物质。

电子行业的发展、科技的进步，很大程度上加快了电子产品

的更新换代。这些电子垃圾含有大量有用的金属如铜、铝等元素。一吨废旧手机经过加工后，能够提炼出 300～400 克左右的黄金和 500 克左右的白银。巨大的经济利益推动了电子垃圾产业的诞生。大量的国外电子垃圾运往我国进行拆解、处理，与此同时，国内产生的电子垃圾数量也日趋增加。虽然，金属的回收从一定程度上推动了当地经济的发展，但其同时带来了更大的环境污染问题。目前，中国是世界电子垃圾的集中地。在一些偏远穷困的小镇，防护不到位、工艺不规范的粗回收，使得环境愈发恶劣，严重危害人体的健康。

汕头市贵屿镇是位于广东省东南部的一个小镇，是"我国最大的废弃电子电器拆解地之一，被称为'电子垃圾之都'"[1]。20 世纪五六十年代以来，贵屿镇开始陆续出现小规模家庭作坊，从事电子废品的无序拆解，将废品中含有的贵金属等提炼出来进行转卖。当地既没有农业发展优势，又没有其他的产业根基，而"电子垃圾产业"获利高，这使得越来越多的群众收购废旧电子电器、废旧塑料和废旧五金进行拆解。由于沿海的地理优势，贵屿镇很快就成为全国起步较早、规模较大的废旧电子电器拆解基地。

然而，电子垃圾本身和粗回收工艺中产生的毒物对当地环境的危害也是巨大的。电子垃圾在回收过程中，往往采取的是混乱、原始的工艺，直接倾倒、排放的废液中含有大量有害重金属，会带来许多健康危害。如铅（Pb）超标严重影响人体的血液、神经等系统，镉（Cd）污染的土壤会导致稻米中镉含量超标，进而导致食用该稻米人群的骨骼系统的损伤，六价铬化合物

---

[1] 车晓蕙、詹奕嘉：《"电子垃圾之都"艰难转型记——广东贵屿电子拆解业整治追踪调查》，见中国政府网（https://www.gov.cn/xinwen/2015-12/15/content_5024159.htm）。

在人体内还会引起呼吸系统肿瘤等。有研究表明，这些重金属污染会影响儿童外周血干扰素诱导蛋白（IP-10）表达，进而易引起多种免疫性疾病。

电子垃圾回收的固体废弃物往往采取直接堆积、填埋、焚烧的方式进行处理，因而会产生大量的持久性有机污染物（POPs），进而严重危害当地的土壤、水源和生物健康。早在1997年，电子垃圾焚烧产生的二噁英类物质就被国际癌症研究机构（International Agency for Research on Cancer，IARC）明确列为人类致癌物（Ⅰ类）。20世纪90年中期，贵屿镇的土地上电子垃圾堆积如山，河流由于废水排放而呈现墨绿色，陆续出现大批癌症患者，八成的孩子血铅水平超标。由此可见电子垃圾带来的土壤污染和健康危害之大、影响之深远。

尽管早在2000年4月1日，环保总局和海关总署就规定，禁止进口废电视机及显像管、废计算机、废显示器及显示管等11类废电器，但是在巨大的利润驱使之下，一些不法进口商仍然通过各种途径进口电子垃圾。贵屿镇在2002—2012年期间，也多次开展专项治理行动，对贵屿镇电子废物拆解行业进行管制，然而成效甚微。从2012年3月开始，当地政府经过综合分析，决定采取"疏堵结合"的方式对电子垃圾产业进行综合整治。其中最主要的措施就是在2015年建成一个循环经济产业园区，配套环保处理设施，把所有电子废物拆解户全部搬迁入园生产，推动电子废物拆解行业绿色发展。经过多方努力，贵屿镇的生态环境水平得到了有效改善。参考相关条例与卫生标准，当地政府制定了《贵屿镇电子废物拆解处理行业整治要求》，主要在资源再生利用、能源使用、工艺与装备、废物来源和去向、污染防治、职业安全与卫生等方面设定了标准与要求。经过有效整治和建设，当地河道水达到Ⅲ类地表水标准，空气环境中的重金属指标均达到《环境空气质量标准(GB 3095—2012)》中年平均浓度的二级标准，还推进了土壤修复和河流底泥环境修复。在汕头市生态环境局的支持下，贵屿镇科学地、有计划地组织开展土壤修复，完成了贵屿镇龙港渡头96亩农田、联堤116亩重金属污染典型土壤修复示范工程和北港河重污染河段底泥修复工程。2018年，国家颁布了"禁废令"，越来越多像贵屿一样的城镇，正在优化升级产业结构，努力恢复蓝天白云的景象。①

（二）案例分析

1. 思政元素

（1）把握绿色新发展理念的总基调，实现绿色可持续发展。

习近平总书记明确指出，要正确处理好经济发展同生态环境保护的关系，牢固树立保护生态环境就是保护生产力、改善生态环境就是发展生产力的理念，更加自觉地推动绿色发展、循环发展、低碳发展，决不以牺牲环境为代价去换取一时的经济增长。建设环境友好型社会，就是要以人为本，就是要脚踏实地，内化于心、外化于行，从根源上解决环境污染问题。

深刻理解习近平总书记对于"我们既要绿水青山，也要金山银山。宁要绿水青山，不要金山银山，而且绿水青山就是金山银山"这一重要论断，各部门、社会各阶层要众志成城，面对沉疴顽疾，要立足于新发展理念，统一思想，坚决摒弃一切不利于绿色发展的生产方式、一切损害生态环境的发展方式、一切以牺牲生态环境为代价的增长方式。像贵屿镇这样的"电子垃圾之都"，应当践行多方合作，政府加强监管力度，同时引进人才科技，改善工艺水平，推动产业转型，解决当地的生态问题。

（2）树立创新意识，推动新型产业体系，是推动可持续发

---

① 参见生态环境部《疏堵结合"电子垃圾之都"转型跨越——广东汕头市贵屿镇"散乱污"综合整治实践》，载《资源再生》2019年第9期，第18-22页。

展的必由之路。

习近平总书记指出，推动经济高质量发展，要把重点放在推动产业结构转型升级上。推动电子垃圾循环经济产业园区转型升级，需要改进回收处理的流程，引进创新、绿色的回收手段。对于贵屿镇而言，在推动电子废物拆解产业转型升级的同时，需要以传统产业为着力点，延长产业链条。这样不仅可以促进就业，推动当地经济发展，还可以提升产品的附加价值，培育形成技术含量高的产业集群，从而实现经济的可持续发展。

2. 专业知识点

(1) 持久性有机污染物有什么特性？

持久性有机污染物的特性有四点：①持久性；②生物蓄积性；③迁移性；④高毒性。

(2) 土壤卫生的防护措施有哪些？

土壤卫生的防护措施有四个方面：①垃圾回收利用；②垃圾废弃物无害化处理；③减少污染物的排放，控制工业"三废"排放，大力推广清洁生产；④提高土壤净化能力。

参考文献

[1] 郭新彪. 环境医学概论 [M]. 北京：北京医科大学出版社，2002.

[2] 杨克敌，鲁文清. 现代环境卫生学 [M]. 3版. 北京：人民卫生出版社，2019.

[3] 杨克敌，郑玉建，郭新彪，等. 环境卫生学 [M]. 8版. 北京：人民卫生出版社，2017.

[4] 中华人民共和国环境保护部，中华人民共和国国土资源部. 全国土壤污染状况调查公报 [J]. 环境教育，2014 (6)：7 - 10.

（曾晓雯　刘禄生）

第七章　生物地球化学性疾病

第一节　课程思政教学设计

一、案例教学适用范围

本案例适用于"环境卫生学"本科生和研究生课程中生物地球化学性疾病相关章节的教学。

二、课程教学目标

1. 知识目标

（1）掌握：国家重点控制的几种主要生物地球化学性疾病（碘缺乏病、地方性氟中毒、地方性砷中毒等）的定义、流行特征、病区划分标准、病因、发病机制、临床表现、诊断标准及预防措施和治疗原则。

（2）熟悉：理解生物地球化学性疾病（碘缺乏病、地方性氟中毒、地方性砷中毒、克山病及大骨节病）的流行病学特征；运用环境流行病学的原理方法进行人群防治调研；从分子生物学、分子毒理学知识解释其发病机制，以及暴露人群早期生物标志物的建立。

(3) 了解：生物地球化学性疾病研究的内容。

2. 能力目标

(1) 通过案例讨论，让学生了解我国主要生物地球化学性疾病的定义和特征以及流行状况和防治措施等。

(2) 通过案例讨论，让学生了解我国在生物地球化学性疾病的防控和治疗方面做出的努力和取得的成绩。

3. 价值目标

(1) 通过小组案例讨论，增强学生的学习主动性、成就感和自信心，培养学生的团队协作能力。

(2) 通过案例教学，让学生了解生物地球化学性疾病对我国人群健康的重要影响和政府在防治该疾病过程中的重要作用及卓著成绩，树立学生的学术道德和规范意识，激发学生的创新精神，培养学生的爱国情怀和社会责任感。

三、教学方法

本章课程适宜采用翻转课程教学，学生提前自学慕课和讨论案例。线下理论课程授课可充分结合教师讲授、学生听课、小组案例讨论等授课形式。教师提出讨论问题，将课程教学的知识目标、能力目标和价值目标融入案例讨论，并通过实际情况讲述，让学生能够做到理论联系实际，以提高学生学习的积极性和主动性。

第二节 课程思政案例及分析

一、我国碘缺乏病的防治

（一）案例内容

机体因缺碘而导致的一系列障碍被统称为碘缺乏病（iodine deficient disorder，IDD）。我国曾经是全球碘缺乏最严重的国家之一。20世纪90年代，我国约有7.2亿人受碘缺乏威胁并分布在全国1762个县。另外，据统计，严重程度在Ⅱ度以上的地方性甲状腺患者达3500万，地方性克汀患者达25万，以及更严重亚克汀患者达数百万以上。碘缺乏病区的人群总体智力水平低下，即出生和生活在碘缺乏病区的所有人，都受到不同程度的智力损害。比如，学龄儿童的智商（IQ）比正常人低10%~11%，IQ<69的儿童的比例达10%~15%。如此众多的智力低下儿童，对我国人口素质和经济发展带来严重威胁。我国从20世纪60年代起，对中度病区和重度病区采取了以供应碘盐为主的防治策略，这使猖獗流行的碘缺乏病得到了控制。然而，此措施并未完全消除碘缺乏病。截至1993年，我国仍有地方性甲状腺患者800万、地方性克汀患者18万，同时以亚临床型克汀病和智力低下儿童为主要特征的智力损伤仍然存在。

1991年，我国政府正式签署了《儿童生存、保护和发展世界宣言》，做出了到2000年实际消除地方性碘缺乏性疾病的政治承诺。1993年，国务院召开的"中国2000年实际消除碘缺乏病目标动员会"通过了《中国2000年消除碘缺乏病规划纲要》，纲要提出要采取以全民食盐加碘的防治战略；随后又颁布了《食盐加碘消除碘缺乏危害管理条例》和《食盐专营办法》等法规，使地方性碘缺乏病的防治有了可靠的法律保障。该食盐加碘干预措施的实施，不仅使我国基本上消除了地方性碘缺乏病，而且大大改善了全民族碘营养不良的状况。

此外，在1995年、1997年和1999年全国碘营养监测的基础上，2000年国家组织了对各省地方性碘缺乏病的评估。结果显示，我国已有17个省达到了消除地方性碘缺乏病的目标，7个省实现了基本消除的目标，只剩少数未完成消除目标。就国家总体而言，我国基本达到了消除地方性碘缺乏病的目标。为此，我国政府向全世界庄严宣布：中国已基本实现了消除碘缺乏病的阶段性目标。[1]

（二）案例分析

1. 思政元素

（1）人民至上，健康优先。在新中国发展历史上，地方性碘缺乏病曾是威胁我国居民身体健康、给国家和社会造成重大经济负担的重要疾病之一。在当时我国经济状况较为落后、医疗资源较为缺乏以及知识较为贫乏的情况下，我国政府为解决人民群众面临的健康威胁，依然在科研和碘缺乏病干预方面投入了大量的人力、财力和物力，最终在地方性碘缺乏病防治方面取得了巨大成就，这展示了我国政府坚持人民至上、健康优先，以及保护人民的生存权利和促进国民健康的决心和勇气。

（2）科学防治，世界典范。中国防治碘缺乏疾病的历史证

---

[1] 参见张文康《齐心协力为持续消除碘缺乏病而努力奋斗——中国2000年实现消除碘缺乏病阶段目标总结暨再动员大会工作报告》，载《中国地方病学杂志》2001年第1期，第1-4页。

明，食盐加碘的策略和措施是正确的。对于碘缺乏造成公共卫生问题，通过工业化大生产的方式（碘盐）来予以消除，无疑是最简单、最经济、最可接受、最可行的策略。我国采取食盐加碘的策略，是经过充分的科学论证，绝不是盲目的，食盐加碘是彻底解决碘缺乏病这一古老疾病和消除危害人民健康的碘缺乏公共卫生问题的最佳干预措施。我国的防治实践证明，坚持全民食盐加碘是可持续消除碘缺乏病的根本保证。这表明了在党中央的领导下，我国政府基于研究证据，科学有效地开展疾病防控的工作，为促进人民的健康做出巨大贡献，同时为世界其他碘缺乏国家的疾病防控提供示范。

2．专业知识点

碘缺乏疾病的防治措施有哪些？

碘缺乏病的防治措施主要是食盐加碘。

二、我国地方性砷中毒的防治

（一）案例内容

20世纪80年代，我国新疆准噶尔盆地的奎屯和乌苏地区首次发现饮水型砷中毒患者。居住于该地区的居民在20世纪60年代以前饮用河渠水，从未发生砷中毒事件；20世纪60年代以后，该地区居民开始开采和使用地下高砷水；大约10年后，当地居民开始出现砷中毒症状。1989年，内蒙古地区的居民也因为改变生活饮用水水源（其中水砷含量超标），导致面积更大和病情更重的饮水型砷中毒，此地亦被划分为砷中毒病区。为预防和控制地方性砷中毒，1992年，卫生部将地方性砷中毒正式列为重点地方病进行管理，并下发通知，要求各省开展砷含量和地方性砷中毒病情的调查工作，随后在宁夏、吉林、山西等地先后发现多个饮水型砷中毒病区。

另外，我国存在的一种特殊砷中毒病区，即燃煤型砷中毒病区，其出现早于饮水型砷中毒病区。1964年，在贵州织金县的小纳雍乡坝子村里，许多居民出现了以皮肤损害为特征的全身性中毒症状和体征。之后，贵州兴仁县雨障镇交乐村等地也发现了大量以皮肤损害为特征的症状和体征。当时，尚不清楚该疾病是由敞灶燃烧高砷煤而导致的砷中毒。经过大量调查，20世纪80年代我国将其确定为燃煤型砷中毒病区。之后，国家亦将燃煤型砷中毒病区作为重点地方病进行管理，并对贵州全省的燃煤地区进行了筛查，并于1994年基本查清了全省燃煤型砷中毒病区的分布范围。此外，陕西等地也陆续发现燃煤型砷中毒病区。

2001—2009年，我国共开展了3次全国范围的大规模高砷水源筛查和砷中毒病情调查。2001—2002年，在科技部社会公益研究基金的支持下，中国疾控中心协同全国各省份开展全国性饮水型地方性砷中毒病区调查，涉及全国16个省，首次从宏观上掌握了我国地方性砷中毒疾病病区的分布情况，并分析了饮用水砷含量和病情的关系。此次调查确定了全国饮水型地方性砷中毒分布于全国8个省，40个县，可疑患者达7821人。2002—2007年，中国政府与联合国儿童基金会开展"减轻砷危害"合作项目。在卫生部的领导下，中国疾控中心协同有关省份，在以往资料和证据的基础上，对可能存在的高砷饮水的村屯和可疑地区进行了大规模高砷水源筛查，并对筛出的大部分高砷村进行水砷含量和居民病情拉网式调查。在调查期间，全国21个省份的49.3万处饮水水源的砷含量被检测出，并进一步细化了以往确认的高砷水源的分布范围，也新发现了一些病区。2005—2009年，在中央补助地方公共卫生专项资金地方病防治项目的支持下，国家疾控中心再次进行了全国可疑地区高砷水源筛查的砷中毒病情调查工作，在14个省和新疆建设兵团的12835个村子进行了高砷水源调查。通过上述3次大规模调查，我国基本查清了高砷区和地方性砷中毒病区的分布范围。

党中央、国务院和各级政府高度重视地方性砷中毒病的防治工作，一旦发现病区，立即采取措施开展防治工作。2001年，国家实施农村饮水安全工程项目，将饮水型砷病病区列入其中，并作为重点改水对象。全国农村安全饮水工程"十一五"规划将高砷病区纳入范围并全部予以解决。全国农村安全饮水工程"十二五"规划明确将后期新发现的高砷病区纳入改水范围。之后的评估结果表明，全国地方性饮水型砷中毒病区改水率为95.3%，正常使用率为93.3%，受益人口达47.5万人，我国饮水型砷中毒流行状况得到有效控制。从2005年开始，陕西和贵州等地的燃煤污染型地方性砷中毒病区也实施以改炉、改灶为主的综合防治措施，同时开展健康教育和促进工作。到2007年，上述两省病区全部完成改炉、改灶工作，标志着我国燃煤型病区防治措施达到全覆盖。①

（二）案例分析

1. 思政元素

（1）以人民群众为中心。

砷中毒是我国曾经历经的最严重的生物地球化学病之一。在砷中毒发生后的几十年里，我国政府通过支持多次的全国范围的调查和研究，在中国疾控中心等多家单位的联合公关下，摸清了该疾病在我国的流行状况以及所累及的人群，并通过改水、改炉、改灶等工程，从源头上解决了砷中毒的问题。这在全球范围内都是绝无仅有的创举，是一项伟大浩瀚的促进国民健康的工

---

① 参见于光前《我国控制地方性砷中毒历程与成就——写在新中国成立70年之际》，载《中华地方病学杂志》2019年第38期，第779-781页。

程。特别值得关注的是，砷中毒病区多为偏远贫困地区，由砷中毒所导致的"因贫致病"和"因病返贫"，是这些地区面临的难题。我国政府在砷中毒防治方面采取的举措，充分体现了党在治国理政方面的先进性和以人民群众为中心的治国理念。

（2）科学研究在疾病防控中的重要性。

通过砷中毒的研究和防治历史，我们可以看到，从最早期的病例报道，到后来的重点人群和地域的现场调查，以及全国范围内的大规模筛查，都体现的是科学研究（具体为环境流行病学研究）在病因筛查和评估中的应用。国家实施的改水工程（相当于干预方案）以及砷中毒防治效果的评估，表明了科学合理的研究方案和评估手段对疾病的防控起着非常重要的作用。

通过本案例的学习，可以增强我们对本门课程学习的实践应用效果的理解，以及为未来解决类似健康问题提供参考。

2. 专业知识点

（1）砷中毒相关调查研究采用了哪些研究方案和设计？

砷中毒相关调查研究所采用的研究方案和设计有：①横断面研究；②动物毒理学实验；③干预研究。

（2）砷中毒防治成功的关键因素是什么？

砷中毒防治成功的关键因素有三点：①政府支持；②科学研究；③多部门协作。

参考文献

[1] 陈祖培. 我国碘缺乏病防治的历史、现状与挑战[C]. 北京：中国营养学会第九次全国营养学术会议论文集，2004：69-76.

[2] 杨克敌，郑玉建，郭新彪，等. 环境卫生学[M]. 8版. 北京：人民卫生出版社，2017.

[3] 于光前. 我国控制地方性砷中毒历程与成就：写在新

中国成立70年之际［J］. 中华地方病学杂志, 2019, 38（10）: 779-781.

（杨博逸）

第八章 环境污染性疾病

第一节 课程思政教学设计

一、案例教学适用范围

本案例适用于"环境卫生学"本科生和研究生课程中环境污染性疾病相关章节的教学。

二、课程教学目标

1. **知识目标**

（1）掌握：环境污染性疾病的概念及其特点，公害病的概念。

（2）熟悉：慢性甲基汞中毒和慢性镉中毒的发病原因、主要机制、流行病学特征、主要临床表现及防治原则。

（3）了解：宣威肺癌的病因及防治对策；军团菌病的流行病学特征、发病机制、临床表现、诊断、防治措施。

2. **能力目标**

（1）通过案例分析，让学生自主探讨环境污染性疾病发生发展的原因、机制和应对措施，结合实际案例，深刻理解要有效、及时、科学地应对环境污染带来的公共卫生风险，必须从宏观（制度、政策）—中观（机制）—微观（方案、措施）、事前（监测、风险评估、预警）—事中（处置）—事后（修复、反思）、风险评估—风险决策—风险交流等多维度出发，构建全方位、全周期、全链条、动态、韧性、多中心协同应对体系，需要政府、部门与机构、社区、个人的通力合作。通过案例分析提高学生解决实际问题的能力，从而实现高质量实战型公共卫生人才的培养。

（2）通过案例分析，使学生对"同一健康"的理念有进一步的认识，并深刻认识到"人—物品—环境"同防对公共卫生安全的重要性，保护环境、保障生态安全与保障公共卫生安全、保障人民生命健康是一脉相承、互为因果的。从而使学生能从整体观出发去理解蕴含在这一章节里的科学道理和内在规律。

（3）通过小组案例讨论，激发学生的学习内驱力，培养学生的团队协作能力。

3. 价值目标

（1）通过案例讨论，让学生深刻理解习近平总书记所要求的"医防融合"，理解环境污染性疾病和公害病是可防可控的，其不仅涉及发病机理、医疗诊治等生物医学问题，还涉及相关监管法律法规、人群防控等公共卫生治理问题，最终涉及总体国家安全观。本章将加深学生对总体国家安全观的认识，并从中认识到公共卫生安全对国家安全的意义。

（2）通过对国内外案例更深入的探讨，让学生思考体会我国公共卫生治理的根本价值和原则："人民至上、生命至上""人类卫生健康共同体""同一健康""全周期管理""公平与效率"等。

（3）通过案例教学，让学生了解环境污染性疾病在环境卫生学研究中的重要作用，培养学生的学术道德和规范意识，激发学生的创新精神，培养学生的爱国情怀和社会责任感。

三、教学方法

本章课程适宜采用"以学生为中心"的多维教学，学生提前阅读相关的案例、文献，观看相关的视频，教师提出讨论问题，将课程教学的知识目标、能力目标和价值目标融入案例讨论。线下理论课程授课可充分结合教师讲授、学生听课、小组案例讨论等授课形式。

第二节 课程思政案例及分析

一、日本水俣病

（一）案例内容

2023年8月24日，日本不顾国际社会的强烈反对，启动了福岛第一核电站核污染水的排海。中国外交部发言人发表谈话，指出海洋是全人类的共同财产，强行启动向海洋排放福岛核污染水，属于无视国际公共利益的极端自私和不负责任之举。日方的所作所为是将风险转嫁给全世界，将伤痛延续给人类的子孙后代，成为生态环境破坏者和全球海洋污染者，侵犯各国人民健康权、发展权和环境权，违背自身道义责任和国际法义务。中国政府一贯坚持人民至上，将采取一切必要措施，维护食品安全和中国人民的身体健康。①

日方不应忘记历史悲剧，日本的水俣病事件并不遥远，当地受害者的痛苦尚未得到完全缓解。那么，日本水俣病究竟是什么病，给日本人民和世界带来了什么伤害？人们应从日本水俣病事件吸取哪些经验和教训呢？

1952年，日本九州岛西侧的水俣镇出现动物不寻常抽搐、死亡的事件。1956年，水俣镇一位5岁女孩出现手脚麻痹、走路困难、突然狂叫等症状，被医院诊断为"中枢神经系统怪病"，同时周围近20户人家的小孩几乎都有不同程度的相似症状。5月1日，医院向水俣保健所报告了这一群体性病症，这种怪病用当地的地名来命名，即水俣病，这一天也成为"水俣病的官方认定日"。

第一位被确诊水俣病的患者是一名叫田中静子的5岁女孩，在入院治疗28天后去世。随后，因水俣病而死亡的病例逐渐增多，这引起了民众的恐慌。当时，当地人认为水俣病是可以通过空气或者食物传播的传染病，因此拒绝向患者售卖商品，而整个水俣镇受到了全国的歧视，水俣湾的海产品也因此断了销路，当地人的生活逐渐陷入贫困。

直至1957年，水俣病才被确定为由一种甲基汞衍生物引起的中毒性中枢神经系统疾病，而不是感染。调查组最后得出结论：病人很有可能是因为食用体内含有毒性物质和金属物的水产品而得病的。

水产品污染的始作俑者是日本智索株式会社在水俣镇成立的化工厂——日本氮肥公司。氮肥公司在生产乙醇的过程中，使用

---

① 参见外交部《外交部发言人就日本政府启动福岛核污染水排海发表谈话》，见中华人民共和国外交部官方网站（http://new.fmprc.gov.cn/wjdt_674879/fyrbt_674889/202308/t20230824_11131280.shtml）。

低成本的汞作为催化剂，产生的工业废水未经处理直接排入水俣镇的不知火海。

由于不知火海几乎不与外洋对流，上百吨汞一入海便自行沉降，进入鱼虾等海洋生物体内，再随着捕鱼船走向人们的餐桌，水俣病就此诞生。有关环境监测数据显示，不知火海每升海水含汞量为 1.6～3.6 微克，比太平洋海水的含汞量高出 10 倍以上；不知火海的鱼体内每千克含汞量大约为 50 毫克，而一般海鱼每千克含汞量仅 0.3 毫克，相差了十几倍。由于鱼肉中 50%～70% 的汞是以甲基汞形式存在的，并且甲基汞比无机汞的毒性更大，因此水产品中的汞含量对人类健康造成更大威胁。一个体重 50 千克的成年人，若体内蓄积超过 55 毫克的甲基汞会出现步行障碍，超过 90 毫克会造成构音障碍，超过 200 毫克就会死亡。在水俣病死者的肝、肾和脑等器官中，汞的含量分别为 20.0～70.5 毫克、22.6～144.0 毫克及 2.6～24.8 毫克，分别为正常人汞含量的 99 倍、15 倍和 17 倍。

其实，水俣湾附近的居民在 1943 年就发现渔场遭到了不明废水的污染。当时，氮肥公司为了持续生产，持续不受干扰地排污，买下了全部渔场的经营权。事发后，智索株式会社仍不肯承认错误和整改。1959 年 7 月，熊本大学副教授德臣发现，工业废水中的有机汞是导致水俣病的原因，这一发现受到了企业、地方政府和日本化学工业协会的质疑。当地政府为智索株式会社辩护，袒护智索株式会社，日本厚生省食品卫生调查委员会向厚生省大臣报告时，也只提了水俣病发病的主因，对污染物来源避而不提。政府的不作为助长了智索株式会社的气焰。

1959 年 11 月，水俣奇病互助会向氮肥公司提出每位患者 300 万日元的赔偿要求，但公司不予回应，原因是他们认为汞污染与工厂废水之间的关系尚未明确。氮肥公司还封锁了水俣病的消息，并且派人威胁恐吓患者及其家属，阻止游行活动。来自氮肥公司的汞继续流入不知火海。由于日本政府默认将经济发展置于环境保护和人民健康之上，水俣事件的受害者陷入了绝望的境地，许多人甚至继续吃含汞的鱼来维持生活。

1965年，新潟县阿贺野川流域也发现了汞中毒患者，调查发现这些水俣病患者与当地工厂昭和电工排放的废水含汞有关。1967年，厚生劳动省接受了这份调查报告，受害者成功起诉昭和电工。1968年，日本厚生劳动省得出结论，水俣镇水俣病是由氮肥公司的工业废水中的汞引起的，新潟县的水俣病是由昭和电工的汞引起的。

整整12年，水俣镇的水俣病患者们才得到官方的认定和解释。2004年，日本最高法院认定，日本政府和熊本县政府对原告患上水俣病负有责任，应支付赔偿。日本环境省认定水俣病受害患者共计2273名，其中死亡1784人，但是在统计之外的，水俣病的实际患者可能高达2万人。①

导演土本典昭拍摄的纪录片《水俣病患者及其世界》，记录了29户水俣病患者的家庭生活。水俣病可以通过饮食进入身体，也可以通过生育传给下一代，给当地居民带来长久的伤害。

事实上，除了水俣病事件，日本还有因化工厂过度排放含有二氧化硫和粉尘的废气导致的四日市哮喘事件、因操作失误致食用油污染而引发的米糠油事件、因含镉废水排放导致的富山痛痛病事件。2023年，福岛核废水排放入海，多家国际科学机构都指出这一行为将危害全球海域和全人类的健康，但日本政府还是用了往常惯用的处理方式，一边向患者和大众表示歉意，一边却要求东京电力公司向海洋排放核废水。

---

① 参见王晓莉《汞毒之患：持续半个世纪的水俣病事件》，载《学习时报》2021年3月24日第5版。

（二）案例分析

1. 思政元素

日本水俣病最初引起关注是因为动物的异常行为表现及群体性健康损害，但在相当长一段时间内原因未明，从而引起了一定的恐慌，患者也受到了不公平待遇。日本水俣病事件，从其溯源、处置到善后，长达几十年，涉及政府、企业、专业机构、媒体、群众等多个对象、多个环节，过程曲折艰辛，这折射出多个社会治理和科学研究的问题，蕴含丰富的思政元素。

（1）社会责任和担当意识。

在日本的水俣病事件中，日本政府和相关企业并没有展现出其应有的责任担当。从企业选址开始，日本氮肥公司就没有考虑过一个企业应尽的社会责任，没有考虑过企业可能带来的环境破坏和对民生的潜在影响，也没有从环境影响评价的角度去考虑选址的问题，把企业建在了民众赖以生存的海岸边，从建厂开始就埋下了生态环境和公共卫生的安全隐患。在生产的过程中，工厂没有对含汞的工业废水进行任何处理，直接把含汞的废水排放到海里，通过生物转化、生物富集、生物放大效应，最终导致了动物和人类罹患水俣病。事件发生后，当有专家学者和媒体指出人群的健康损害可能与工厂排放的废水有关时，企业没有积极配合应对，不仅没有停止工业废水排放，还试图掩盖真相，封锁水俣病的消息，并派人威胁恐吓患者及其家属，阻止其进行游行活动，甚至买通打手殴打摄影师，这充分体现了涉事企业毫无担当、唯利是图的丑恶嘴脸。

日本政府应对水俣病事件的态度也值得反思。事件发生之初，日本政府不仅不大力支持有关部门和学术机构进行病因调查和积极应对，甚至还因为经济利益偏袒涉事企业，试图协助其掩盖事实真相，这导致整整用了12年的时间官方才认定水俣病事件是一起由于涉事企业违规排放含汞工业废水而导致的慢性甲基汞中毒事件。在这个过程中，日本政府并没有很好地吸取教训，继 1956 年水俣市爆发水俣病后，新潟县在 1966 年再次爆发水俣病，这次的祸首是新潟郊外阿贺野川上游的昭和电工株式会社。事发后，昭和电工像水俣市的日本氮肥公司一样，试图逃避责任，这引起了当地居民的愤慨。出离愤怒的当地居民向法院提出了诉讼，而诉讼耗时 7 年才最终胜诉。由此可见，在日本，环境公害事件的受害者维权之路是多么漫长艰辛。这与政府的不作为、对环境违规行为视而不见甚至包庇不无关联。

日本出现的各类环境污染事件，其经过均与水俣病事件类似，开始时政府不重视、企业推诿责任，直至死亡人数上升、事态扩大，日本政府才反思道歉。

历史一再重演，时至今日，日本似乎再次忘记历史的深刻教训，忘记他们曾经犯下的错误给民众和环境带来的沉重伤害，竟然把核废水倒入太平洋。这不仅对其国民和国内环境造成危害，更将给全世界人民的健康和环境带来潜在的未知风险。德国海洋科学研究机构指出，福岛沿岸拥有世界上最强的洋流之一，从排放之日起 57 天内，放射性物质将扩散至太平洋大半区域，10 年后将蔓延至全球海域，影响极其恶劣，日本完全枉顾其作为经济大国应承担的全球责任。它山之石可以攻玉，以史明鉴，我们一定要重视并反思日本政府和企业在水俣病事件中扮演的角色及其教训，在应对类似问题时，一定要有责任担当，站位要高，格局要大，不能被企业或个人的私利所遮蔽，要胸怀天下，以保障天下苍生的公共卫生安全为我公共卫生学子之大任。

（2）科学精神。

在日本水俣病溯源过程中，迷雾重重，荆棘满途，充满艰辛。在这个过程中，科学家们展示出来的求真求实、质疑批判精神令人敬佩。最早出现水俣病症状的是动物。从 1952 年开始，当地的猫、狗、猪都出现跳海自杀的异象，紧接着是海里的贝类、鱼类大量死亡，海鸟从空中掉下。但开始时并没有在人类身上发现类似症状，因此大家都认为这是流行于动物之间的传染病，并没有过多关注。直到1956年才在儿童身上开始出现类似症状，继而出现群体性病症。多个相关机构开始对水俣病进行调查，但进展缓慢，且认为水俣病是通过空气或食物传播的传染病。熊本大学医学院的调查组本着求真求实的科学精神，坚持采用科学的环境流行病学方法进行深入的全方位、全链条的环境和人群调研，抽丝剥茧，逐步排除了传染病的可能。直到1959年7月，有研究者才提出了工业废水中的有机汞是水俣病致病原因的研究结论，但是遭到了各方反驳。日本厚生省食品卫生调查委员会在此后向厚生省大臣报告时，也只提了发病主因，对污染物来源避而不提。在调研过程中，涉事企业更是采取不合作态度，拒绝研究人员进厂收集资料，混淆视听，隐匿事实。但熊本大学的调研团队没有因为政府、有关部门及企业的态度而妥协，他们继续通过临床医学、毒理学、神经学、流行病学等多学科的通力合作，突破重重阻挠，终于用详细、完整、可靠的科学证据链，充分论证了水俣病就是由于日本氮肥公司直接排放含汞工业废水导致水俣湾居民和动物出现中枢神经系统为主的严重健康损害，为受害者争取合法权益提供了有力的科学证据。

纵观人类历史上发生的重大公共卫生事件，涉及的都不只是科学问题，也不只是依靠公共卫生知识就能解决的问题。作为公共卫生学子，我们更应坚守科学精神，不畏权威，不畏强权，不受金钱、利益等诱惑，客观公正地进行科学的研判，为风险决策提供科学可靠的依据。

(3)"同一健康""人类卫生健康共同体"、文化自信。

通过日本水俣病事件，我们可以更直观地感受到"同一健康"的理念。水俣病的发病链条是：工业废水中的无机汞—被水体底泥中的甲基化菌转化为甲基汞（或二甲基汞）—水生浮游生物—小虾和小鱼—大鱼—人（或水鸟、猫等）。由此可见，一旦造成水环境污染，通过食物链的生物富集、生物放大效应，水生环境、水生生物、哺乳类动物都可能受到不同程度的威胁和影响，所以要对环境污染导致的公共卫生风险进行有效防控，必须在"同一健康"的理念下，进行"人—物—境"同防。在全球化的时代背景下，应对包括环境污染在内的公共卫生风险时，中国要有全球视野，大国担当，以构建人类卫生健康共同体为己任。

对"同一健康"理念的认同，还可以进一步增强我们的文化自信。不管是水俣病的食物链条还是"同一健康"，本质上还是人与环境的关系。人与环境互为因果，可以形成良性循环，也可以带来恶性循环，关键取决于人类对环境的态度。中华传统文化强调"天人合一"，提出"人与天地相参，与日月相应"，其实就是强调人和自然的和谐共生，可以看作是最早的"同一健康"的提出。中华文明是早慧的文明，我们的祖先在远古时候就给我们留下了宝贵的文化价值宝藏，需要我们进一步挖掘、传承和发展。

（4）可持续发展。

日本水俣病事件之所以未能及时有效地止损，其中一个关键原因就是政府在这个过程中未能尽到应尽的职责，企业在这个过程中唯利是图，百般推卸阻挠。归根到底，与"二战"后日本政府片面追求经济的高速发展，不惜以牺牲环境为代价有关。水俣病对日本水俣湾的生态环境、居民健康和家庭带来巨大的危害，并阻碍了经济社会的长远发展，其损失难以准确估量。

我们要从这起惨重的人为灾难中吸取教训，任何时候都不能以环境为代价，以人民的生命健康为代价来发展经济。我们要坚持"人民至上、生命至上"，构建一个可持续发展的绿色经济发展体系。

2. 专业知识点

（1）慢性甲基汞中毒的发病机制是什么？

慢性甲基汞中毒的发病机制：①抑制β-微管蛋白；②脂质过氧化；③下调金属硫蛋白的表达；④抑制星形胶质细胞对谷氨酸盐的摄取；⑤细胞凋亡；⑥钙稳态失调。

（2）慢性甲基汞中毒的防治原则是什么？

慢性甲基汞中毒的防治原则：①消除污染源；②加强环境与人群健康监测；③控制甲基汞的摄入；④保护临床前期人群；⑤提高国民环保意识。

二、云南宣威肺癌

（一）案例内容

1973—1975年，我国第一次死因调查数据显示，云南宣威[①]的农民肺癌死亡率明显高于全国平均水平，其女性肺癌死亡率、发病集中率较男性更高。宣威1990—1992年、2004—2005年、2011—2013年和204—2016年四个时期，肺癌死亡分别占恶性肿瘤死亡的56.92%、59.01%、63.67%和67.52%，显著高于全国农村人群中肺癌占总癌死亡的比例。1990—2005年，男性肺癌标化死亡率从41.43/105上升到88.17/105，女性肺癌标化死亡率从37.70/105上升到74.45/105。2013年后，肺癌标化死亡率略有下降，男性为82.53/105，女性为62.52/105，但两者

---

① 1913年，宣威州改为宣威县。1994年，经国务院批准撤销宣威县，改设宣威市（县级市）。

的肺癌标化死亡率仍分别为全国农村平均水平的3倍和6倍。①

　　这一现象引起了国家卫生部门的重视，国家卫生部门多次组织多学科专家团队对宣威肺癌高发现象展开实地调研和实验研究。早在1976年，云南省、曲靖地区、宣威县等各级地方卫生行政部门和相关机构就开始对宣威肺癌高发的流行病学特征、可能的病因和危险因素等开展了现场环境流行学调查。1979年，全国"宣威肺癌病因研究协作组"成立，由原中国医学科学院卫生研究所与上述单位组成。研究员何兴舟、曹守仁、蒋维章（主任医师）、杨儒道（主任医师）任课题总负责人，并组织了环境流行病学、卫生化学、环境毒理学、实验病理学等专业科技人员百余人，长期深入现场并结合实验研究，对可能引起宣威肺癌高发的主要危险因素进行了深入系统的研究。此后，国家卫生部门还多次对宣威肺癌进行相关调研及早筛早诊早治专项工作。宣威市在2002年开展了全市肺癌普查；2003年，启动了中美肺癌科研项目，对宣威肺癌的发病原因从基因学的角度进行研究；2007年，在肺癌普查的基础上又启动了宣威市2000例肺癌筛查及早诊早治项目工作。至此，宣威肺癌防治工作取得一定进展。

　　流行病学研究发现，从职业人群分布来看，在宣威肺癌的死者中，农民占比最高，其死亡率是厂矿、机关职工及家属的10倍；从性别分布来看，女性肺癌发病率远高于国家平均水平。病因和危险因素的研究揭示，工业污染和吸烟不是导致宣威肺癌高发的主要危险因素。但室内空气监测结果显示，燃烟煤农户室内空气中苯并芘浓度高达626 ug/100 m^3，超过国家卫生标准6000多倍。室内空气中的苯并芘主要来源于燃煤污染。在实验室模拟宣威农户家庭中的室内空气污染暴露情况，实验动物被诱导发生

---

① 参见刘晓燕《1990～2016年云南省宣威市肺癌死亡流行特征分析》，载《中国医学科学院学报》2019年41期，第338-343页。

肺癌。结合流行病学证据、动物实验结果和室内空气监测数据，最终推断宣威地区肺癌高发与室内燃煤空气污染联系密切。

2005年，北京召开第10届国际室内空气质量科学技术学会，对何兴舟研究员的研究给予了高度评价。为表彰何兴舟研究员在"室内燃煤空气污染与肺癌研究"中取得的成就，国际室内空气质量科学技术学会主席美国科学院士、美国哈佛大学教授约翰·斯宾格勒（John Spengler）博士和我国清华大学教授吴良镛院士共同给何兴舟研究员颁发了"终身成就奖"。

（二）案例分析

1. 思政元素

（1）立志高远，科研为民。

何兴舟研究员之所以能取得这样伟大的成就，与其年少时的远大志向有关。1952年，何兴舟高中毕业时，他便认真思考将来要从事的卫生工作究竟是什么？什么是卫生工作？他的老师与朋友便通过"上医治未病，中医治欲病，下医治已病"的古训，帮助他在接收北京协和医学院卫生系的录取通知书时，就定下了"学卫生、搞卫生"的志向。

何兴舟带领的宣威肺癌病因研究协作组是一个多科学合作的科研团队，该团队通过全方位、全链条的多维度研究，提出室内空气多环芳烃类物质污染是云南省宣威地区人群肺癌高发的主要原因。这一开创性的研究成果是世界上首次对大规模人群肺癌病因的流行病学研究报告，不仅丰富了肺癌病因学的内容，而且为人们预防和治疗肺癌奠定了基础，为公共卫生政策的制定提供了有力依据，并促进了环境治理。

（2）传承精神，接续奋斗。

一直以来，我国对宣威肺癌的情况十分重视，学界不断组织专家现场开展调查，分析研究肺癌发病原因，及时编制环境综合治理规划和群众健康治疗救助规划，以制定出更加可行的预防和综合治理措施；当地设立了环境监测点，对当地空气等环境质量进行监测，严格按照国家环保标准加强对当地企业进行环保建设和环境监管；当地还组织开展群众健康普查和健康教育培训，加大肺癌患者救治救助力度，改善群众居住环境和生产生活条件。

通过两代人的接续努力，目前当地肺癌发病率上升趋势明显延缓，得到较好的控制。

（3）多学科协作。

宣威肺癌病因学的研究过程经典地呈现了如何进行群体性疾病的病因探索过程：首先，通过现况调查发现问题；其次，通过病例对照研究和队列研究获取线索；再次，通过环境监测获取暴露证据；最后，通过动物实验验证假说。

这个过程需要多个学科的通力合作，涉及的学科包括环境流行病学、卫生化学、环境毒理学等。要针对病因采取有效的防控措施，除了公共卫生和医学手段外，还需要政策引导和支持，同时还需要对民众进行健康宣教，提升民众的健康素养，使其掌握防控的知识和技能，从被动防控转为主动防控。因此，我们再次看到，要有效应对环境污染导致的公共卫生问题，需要多领域、多学科、多主体的真诚无私合作。

2．专业知识点

（1）宣威肺癌的病因学研究有哪些？

宣威肺癌的病因学研究有三点：①多环芳烃类物质污染室内空气；②无烟囱炉灶的使用；③遗传易感性。

（2）宣威肺癌的防治对策是什么？

宣威肺癌的防治对策有四点：①改变燃料结构；②彻底消除无烟囱炉灶的使用；③加强环境监测和人群健康监测；④加强宣传教育，提高整体人群的健康意识。

三、镉大米事件

(一) 案例内容

镉（Cd）是人体非必需微量元素，容易通过食物链富集，在人体内的半衰期长达20～30年。镉进入人体后可造成多器官多系统损伤，其主要的靶器官是肝脏和肾脏，作用机制是与体内低分子蛋白质结合后对肝肾造成损伤；同时镉对呼吸系统、心血管系统、免疫系统和生殖系统，甚至胚胎发育都表现出严重的毒性效应；另外肺癌、前列腺癌等多种癌症也被证明与镉有一定的关联。

国际化学品安全规划机构（International Programme on Chemical Safety，IPCS）在其官网上发布的《引起重大公共卫生关注的10种化学品》把镉列为威胁公共健康的十种化学物质之一。慢性镉中毒可引起"痛痛病"，表现为腰、手、脚等关节难以抑制的疼痛。日积月累，导致骨软化、骨质松脆及肾衰竭。20世纪60年代，日本神通川流域的居民由于长期食用镉大米，导致了大规模的镉中毒。以目前的医疗水平，仍无法有效排出或消除人体内的镉。

因为镉的危害性，全球多个国家和地区都已对其进行了严格的监管。欧盟将镉列为高危害有毒物质和可致癌物质并予以规范管理。美国环境保护局限制镉排入湖、河及农田等环境的量，并且禁止杀虫剂中含有镉；美国食品药品监督管理局规定食用色素的含镉量不得超过15 ppm；美国职业安全卫生署规定工作环境空气中镉含量在烟雾为100微克/立方米，在镉尘为200微克/立方米。我国也对环境和食品制定了严格的镉限值，比如我国对大米中的镉含量一直是全球最高标准之一，要求是0.2 ppm以下。

而日本要求大米中的镉含量为 0.4 ppm 以下。但时至今日，市面上仍然售卖着含有过量镉的大米，这是困扰我国老百姓的重大食品安全问题之一。

2014 年 4 月 17 日，环境保护部和国土资源部发布全国土壤污染状况调查公报。调查公报显示，全国耕地土壤环境质量不容乐观，耕地土壤点位超标率为 19.4%。其中，镉的点位超标率最高，达 7.0%。[①] 镉容易被水稻吸收和富集，在不影响正常生长的情况下，水稻仍可积累较高含量的镉。镉通过污水灌田在土壤中累积，且主要累积在 0～20 cm 表层土壤，经过根、茎、叶的吸收，最终迁移到稻米中，直接影响人类的健康。尽管有比较严格的监管标准，我国镉大米事件依旧未能很好地被遏制。

湖南省是我国的"有色金属之乡"，曾在 2013 年被曝出其产出的大米镉含量超标，镉大米的流通对人民群众的生命健康造成了威胁。2013 年 2 月 27 日，《南方日报》刊登《湖南问题大米流向广东餐桌》的调查报道。报道称 2009 年深圳粮食集团从湖南省多个中储粮直属粮库采购了上万吨大米，经深圳质监部门质量标准检验，该批大米重金属镉含量超标，这些米最终可能流向了广东居民的餐桌。有关报道引起了广东省委、省政府高度重视，他们迅速部署全省各地各部门开展大米专项检查行动，并对重点地区进行了督导检查。[②] 2013 年 5 月 16 日，广州市食品药品监督管理局公布 2013 年第一季度广州餐饮环节抽检情况，指出大米及米制品镉含量超标率达 44.4%，抽检的 18 批次大米及

---

① 参见环境保护部、国土资源部《全国土壤污染状况调查公报（2014 年 4 月 17 日）》，见中国政府网站（https://www.gov.cn/foot/site1/20140417/782bcb88840814ba158d01.pdf）。

② 参见成希《湖南问题大米流向广东餐桌》，载《南方日报》2013 年 2 月 27 日第 A13 版。

米制品中有 8 批次不合格。① 2013 年 5 月 24 日，新华社发表题为《"镉大米"：核实三月无结果 "保密"还是"护短"？》的报道。报道指出，2013 年，广东省食品安全委员会公布了 120 批次抽检发现的镉超标大米，其中确定由湖南厂家生产的多达 68 批次（多批次散装米产地不明），涉事厂家来自湖南 14 个市中的 8 个。面对记者的追问，"湖南省食品安全委员会就有关情况核实了近三个月仍旧没有明确答复，该省遭受损失的农民、停工的米厂、忧心的公众，仍在茫然等待。"②

2020 年 4 月，云南省昭通市镇雄县市场监督管理局反馈，镇雄县共销毁大米 99425 公斤，涉及 15 起案件。其中，重金属超标案（主要是镉超标）13 起，没收大米 77350 公斤，查处时间为 2019 年 4 月至 2019 年 7 月，涉及生产企业 7 家。大米包装袋上标注名称显示，7 家企业均属湖南省益阳市赫山区。根据《中华人民共和国食品安全法》相关规定，7 家涉事企业已被立案调查。③ 关于镉大米的新闻报道和评论，近些年就未曾停过，针对涉事企业、监管部门的处罚与问责也一波接一波。尽管如此，镉大米还是屡曝不止，令人深思。

（二）案例分析

1. 思政元素

（1）农业安全观，保障耕地安全。

在对食品安全监管力度不断加大的背景下，镉大米的出现隐

---

① 参见马喜生、成希、晏磊《44.4%大米及米制品检出镉超标》，载《南方日报》2013 年 5 月 17 日第 A11 版。
② "新华视点"记者：《"镉大米"：核实三月无结果 "保密"还是"护短"？》，见中国政府网（https://www.gov.cn/jrzg/2013-05/24/content_2410683.htm）。
③ 参见史卫燕、白田田《湖南益阳：对涉云南重金属超标大米事件 7 家企业立案调查》，见央视网（https://news.cctv.com/2020/04/25/ARTI449jSd8O26y0mFdc3G3m200425.shtml）。

藏着更深一层的担忧——农田土壤的重金属污染。事实上，镉大米的出现，不仅是食品安全问题，更是农业安全、耕地保护问题。如果耕种源头的污染无法有效防治，镉大米流向市场的问题就很难得到解决。

稻田土壤中镉含量高，浇灌用水被污染导致的水中镉含量较高，周边工厂废水和废料的排放、农药化肥使用过量都是可能造成大米污染的影响因素。目前，尽管我国正大力推广化肥、农药"双减量"技术，农业生产中的化肥使用量仍超过世界总量的30%，受镉、砷、铬、铅等重金属污染的耕地面积仍在不断扩大。此外，一些农田周边重金属企业的污水、废气排放如果不能得到彻底整改解决，同样会使问题大米屡禁不绝。

耕地是"三农"之本，为了实现经济社会可持续发展与保障粮食安全双赢，守护好耕地质量无疑是重要路径，守护耕地质量就是守护国家粮食安全，守护农产品质量安全和食品安全。我们只有不断提高耕地质量、培育健康土壤，才能生产更多优质安全的农产品，满足人民对农产品质量与安全日益增长的需要。我们需要不断提高农产品竞争力和农业生产效益，实现农业高质量发展，推动乡村振兴。有关部门应当有序推进耕地污染防治与安全利用，加强农业投入品质量与使用监管，从严查处施用不合格肥料、农药等农业投入品的行为，使耕地土壤环境更加健康。

（2）底线思维和责任担当。

为了从根本上解决镉大米等粮食安全问题，相关部门要从源头进行整治，加强耕地质量保护的力度。一方面，监管部门应将执法重点关口前移到生产端，严格落实企业是食品安全第一责任人，加强企业的责任担当；另一方面，要加强政府相应的监管责任，在食品安全问题上，必须坚守底线思维。

只有坚持落实《食品安全法》的四个最严：最严谨的标准、最严格的监管、最严厉的处罚和最严肃的问责，彻底整治排污企业、织牢监督网，才能最终实现舌尖上的安全。

2. **专业知识点**

(1) 慢性镉中毒的发病机制是什么？

慢性镉中毒的发病机制包括：①与酶类巯基结合或替代；②破坏线粒体电子呼吸链的正常功能，产生大量 ROS；③使金属硫蛋白和还原型谷胱甘肽丧失活性；④引起钙依赖性蛋白功能的丧失；⑤引起 DNA 单链断裂，抑制 DNA 修复，导致细胞凋亡。

(2) 慢性镉中毒的防治原则是什么？

慢性镉中毒的防治原则有四点：①消除污染源；②加强监测，控制摄入量；③保护高危人群；④对症治疗。

参考文献

［1］浜尚亮. 环境污染公害之日本水俣病事件［J］. 人民公安，2016（2）：74 - 78.

［2］环境健康杂志编辑部. 何兴舟研究员获国际"终身成就奖"［J］. 环境与健康杂志，2005（6）：6.

［3］陈功博. 宣威肺癌流行趋势及影响因素研究［D］. 北京：北京协和医学院，2015.

［4］世界环境编辑部. 汞污染下水俣病梦魇60年［J］. 世界环境，2016（4）：10 - 11.

［5］加强耕地质量建设与保护 保障国家粮食与生态安全：写在第8个"世界土壤日"到来之际［N］. 新华日报，2021 - 12 - 03（7）.

［6］刘斌，黎天勇，蔡扬尧. "镉大米"的现状、危害及修复方法简述［J］. 现代食品，2018，11（21）：86 - 89.

［7］汤宁. 执着探索现场环境流行病学之路的何兴舟研究员［J］. 中华预防医学杂志，2009，43（4）：267 - 272.

［8］谢芳. 啥都敢往海里倒，日本又不是第一次……［EB/

OL]. (2021-04-19) [2022-10-22]. https://www.thepaper.cn/newsDetail_forward_12273896.

（刘汝青　白雅滢）

第九章　住宅与办公场所卫生

第一节　课程思政教学设计

一、案例教学适用范围

本案例适用于"环境卫生学"本科生和研究生课程中住宅与办公场所卫生相关章节的教学。

二、课程教学目标

1. 知识目标

（1）掌握：住宅的卫生学意义和住宅的基本卫生要求；住宅的平面配置和住宅的卫生规模；室内空气污染对健康的影响及控制对策。

（2）熟悉：住宅小气候对健康的影响及卫生学要求；办公场所的概念；办公场所的分类和卫生要求；办公场所的卫生学特点；办公场所污染的分类和危害。

（3）了解：住宅卫生研究的主要任务；住宅设计的发展方向。

2. 能力目标

（1）通过本章的学习，让学生明白室内空气污染对健康的影响，进而认识对住宅及办公场所进行卫生监督的重要性，以点带面，提高学生的专业素质和综合素质。

（2）通过本章的学习，提高学生分析及解决问题的能力、科学创新能力，逐步培养学生的现场工作能力，为其将来开展环境卫生工作及科研活动打下基础。

（3）通过小组案例讨论，发挥学生的主观能动性，提升学生对专业知识的学习兴趣，增强学生的团队合作精神，培养学生的表达沟通能力。

3. 价值目标

（1）通过案例讨论，让学生深刻体会到环境卫生学与人民的健康和生活息息相关，提升学习兴趣的同时增强职业自豪感和使命感。

（2）通过案例讨论，让学生深刻理解压实"四方责任"的重要性，进一步理解多中心协同治理的内涵和意义。

三、教学方法

本章课程适宜采用翻转课堂的教学方法，引导学生自主学习，鼓励学生思考提问，上课采用回答问题、课堂讨论、小组演讲等形式，将课程教学的知识目标、能力目标和价值目标融入案例讨论。

第二节 课程思政案例及分析

一、我国首例由住宅装修引起的室内空气甲醛污染案

（一）案例内容

2001年，我国首例因室内空气中甲醛过量致人患病的案例在北京开庭宣判。① 自案件受理日计起历时313天，案件始末如下②：

原告陈某是北京昌平某别墅小区的业主，于1998年8月13日请被告北京某装饰公司装修，并签订了《家庭装饰工程合同》，约定由被告包工包料进行室内装饰装修。原告在装修完成入住后，感觉室内气味刺鼻，致人咽痛咳嗽、辣眼流泪，无法居住。对此，被告强调这些异味属正常现象，只要经常开窗通风，很快就会挥发完。原告接受该解释，并按被告建议，在数月内"经常开窗通风"，但房内气味未见丝毫减弱。原告再次向被告询问原因，被告又建议"除了通风以外，还必须天天住人，住人可以增加人气来抵消室内装修遗留的气味"。听完这样的解

---

① 参见余玮《国内首例室内空气污染伤害案始末——又是甲醛惹的祸》，载《社区》2002年第1期，第50-51页。
② 参见北京市昌平区人民法院《民事判决书》，见法律图书馆网站（http://www.law-lib.com/cpws/cpws_view.asp?id=200400654223）。

释，原告便率全家住进新居。距离装修结束近一年，原告喉疾加剧，室内呛人的气味仍未消散。1999年9月，原告决定向北京市建筑装饰协会求援。接到原告的投诉后，北京市建筑装饰协会委托检测部门进行了实地检测。检测结果显示，居室内的刺鼻气味乃装修材料挥发的游离甲醛所致，室内空气中甲醛浓度平均超标25倍。恍然大悟的原告要求被告清除其造成的污染。但被告虽然认可"木质装修部位可能是污染源"这一结论，却以"无先例"为由，拒绝了原告提出的要求，并重申解决办法只能是"常住人"。

　　为慎重起见，原告于2000年4月以室内空气中的甲醛超标为由，再次申请检测居室内空气质量。北京市劳动保护研究所于2000年4月6日对室内甲醛浓度再次进行了检测，检测当日室外刮着八九级强风，然而在这种强风天气下结果显示甲醛仍然超标达5倍之多。恰在此时，原告喉疾加剧，早晨还经常咳血，经医院检查发现是喉乳头状瘤。原告通过互联网查询和向专家咨询得知，空气中甲醛超标对人体的危害是非常严重的，并且这种损害具有长期性、潜伏性、隐蔽性。空气中甲醛超标，轻则刺激人的眼睛、皮肤和呼吸系统，重则会引起鼻腔癌、咽喉癌、肺癌和消化系统癌症，而癌症的先兆之一就是他刚刚切去的咽喉乳头状瘤。此时，原告更害怕了，为了个人和家人的健康与安全，他再次请室内环境检测单位对其住所进行室内环境检测。按检测规定房间封闭24小时后，室内环境检测中心的专家"流着眼泪"进行了室内空气检测，结果显示卧室中甲醛含量高达1.56毫克/立方米，超过国家标准19.5倍！自从新房装修竣工后，为了消除室内甲醛异味，原告四处请教，查找资料，尝试了很多方法，如醋熏、放置茶叶及空气净化器等，都无济于事。

　　原告在近两年的时间里，多次请求被告"停止侵害、恢复原状、赔偿损失"，但始终未得到答复，于是原告想到了通过法律渠道来解决这个问题。《中华人民共和国宪法》第二十六条中明确规定，国家保护和改善生活环境和生态环境，防治污染和其他公害。《中华人民共和国环境保护法》（简称《环境保护法》）第六条规定："一切单位和个人都有保护环境的义务。地方各级人民政府应当对本行政区域的环境质量负责。企业事业单位和其他生产经营者应当防止、减少环境污染和生态破坏，对所造成的损害依法承担责任。"

为维护自己及家人的生命健康权，以及补偿自己和家人在此期间所遭受的经济损失，原告一纸诉状将被告告上法庭，要求判令被告"清除自己居室的污染源，赔偿房租、物业管理费、房屋折旧费、装修材料损失费以及身体损害损失费等共27万元"。北京市昌平小汤山法院正式受理此案，并于2000年8月10日一审开庭。审理中，中国预防医学科学院环境卫生监测所对该别墅9603号室内空气质量及室内木制板材的甲醛释放量进行了检验。结论为：主卧室和书房内室内空气甲醛浓度不符合《居室空气中甲醛的卫生标准》，木制板材样品每天的甲醛释放量为24.6毫克/平方米。北京市法庭科学技术鉴定研究所对原告的慢性咽炎、咳血、嗓子疼痛等疾病与甲醛气体超标有无联系、联系程度、是否构成伤残等进行了鉴定，表明原告的临床表现不能排除是甲醛的持续刺激作用引起的。2001年6月19日，北京昌平区人民法院开庭宣判了陈某室内环境污染伤害案，原告一审胜诉，法庭判决被告北京某装饰公司赔偿原告拆除损失费、检测费、医疗补偿费、房租费共计8.9万元，并限十日内清除污染的装饰材料。

（二）案例分析

1. 思政元素

（1）压实"四方责任"，保障民众健康。

陈某的案例是我国首例室内环境污染案。该案件对我国建筑装饰业、建筑装饰材料生产企业的发展,我国室内环境法律法规的健全与完善,以及室内环境事业的推动具有重要意义。

人一生中超过三分之二的时间是在室内度过的,室内的环境质量与民众健康息息相关。在维持室内环境安全、保障民众健康方面,有关部门应该高度重视,采取相应的措施落实"四方"(政府、机构、企业和个人)责任,从宏观—中观—微观层面构建全方位全周期室内环境安全保障机制。国家有关行政部门和司法部门要从为人民大众服务和维护人民大众的利益出发,进一步制定和完善室内环境法律法规、规章制度和规范指南等,加强对装饰企业和建材企业等相关企业的监管,严禁没有资质的企业进行超范围施工,并进行相应法律法规以及防护知识和技能的宣传教育,提升民众环境质量意识和自我健康管理能力。同时,行业内应当制定行业管理规范和标准,以规范企业行为,使企业在逐利的同时承担相应的社会责任,要切实从消费者的利益和企业发展前途出发,生产更多无污染、无公害的安全产品。消费者应当增强室内环境意识,学会运用室内环境法律法规保护自己和家人的健康。

(2)加大科研投入,科技助力构建健康环境。

随着人们经济水平和生活水平的提高,人们对室内环境的要求也越来越高,进行室内装修装饰已经从一种时尚转变为刚需,但因为装修装饰材料或其工艺流程质量和规范良莠不齐,室内环境污染引发健康问题的情况逐渐增多。迫切需要加大对室内环境装修装饰的材料、工艺的科研投入,研制新型低毒、无毒替代品或者改进工艺流程,从源头加以控制,以更好地保障民众的室内环境安全。

2. 专业知识点

(1)室内甲醛污染对人体的危害有哪些?

室内甲醛污染对人体的危害有四个方面:①刺激作用;②致

敏作用；③致癌和促癌作用；④其他影响，如对神经系统、免疫系统、肝功能和肺功能等产生不良影响。

(2) 室内空气污染的控制对策有哪些？

室内空气污染的控制对策有五点：①建立健全室内空气质量标准；②加强建筑施工工程室内环境质量管理；③加强能源利用的管理；④合理使用空调设备；⑤加强卫生宣传教育。

二、全国首例公路噪声污染案

（一）案例内容

1994年5月，经北京市综合投资公司拆迁，包括王先生在内的52户居民搬迁到位于京石高速公路旁的丰台区六里桥10号院7号楼居住。入住新楼后，王先生的乔迁之喜很快被冲淡了。此楼距离公路仅30余米，日夜来往的车辆发出的噪声让全家人寝食不安，日常生活和学习受到严重干扰。对此，王先生多次向拆迁公司要求解决安置房屋的噪声污染问题，均没有结果。1997年11月3日晚22时，北京市丰台区环境保护监测站对六里桥10号院7号楼进行噪声监测，噪声值分别为78.4分贝、77.3分贝、69.2分贝。该区域适用国家《城市区域环境噪声标准（GB 3096—1993）》的4类标准，环境噪声最高限值为昼间70分贝、夜间55分贝。2000年8月，王先生向法院提起诉讼，一纸诉状将开发商北京市综合投资公司（以下简称"投资公司"）、北京首都公路发展有限责任公司（以下简称"发展公司"）和北京市公路局告上法庭，要求被告限期采取减轻噪声污染的措施，将住房内噪声值降低到标准值以下，并赔偿从入住以来的噪声扰民补偿费每月60元，总计4500元。①

法院审理后认为，投资公司在治理和改善住户居住条件的问题上应承担主要责任，发展公司在经营管理过程中有义务承担起治理和改善环境的责任。判决如下：

第一，投资公司在2个月内为原告居住的住房南侧大间、门厅及阳台安装隔声窗（双层），将住房的室内噪声降到昼间60分贝以下、夜间45分贝以下；第二，投资公司、发展公司赔偿原告所受噪声污染损失每月60元，其中，投资公司负担50元，发展公司负担10元，自1994年5月起到住房安装隔声窗之月止。②

本案是全国首例因公路噪声污染而索赔的案件，投资公司在投资开发建设该楼房时没有做环境影响评价、没有充分考虑该楼因距离高速公路过近给住户带来的噪声污染危害、没有采取减轻和避免交通噪声影响的措施，法院认定被告应为某些法律义务而不为，其主观过错是明显的。

（二）案例分析

1. 思政元素

（1）依法治国。《中华人民共和国噪声污染防治法》于2022年6月5日起施行，较为详细地规定了各种噪声的类型。在环境公害类案件中，受害者对于排污、排噪行为是否出于过错是无从知悉的，有关的事实证据也很难收集和提供；同时，诸如噪声污染等环境公害对人们造成的损害是一个缓慢的积累过程，其因果关系的确定涉及复杂的科学技术问题。因此，此类环境污

---

① 参见范跃如《全国首例公路噪声污染案评析》，见中国法院网（https://www.chinacourt.org/article/detail/2002/05/id/5040.shtml）。

② 参见范跃如《全国首例公路噪声污染案评析》，见中国法院网（https://www.chinacourt.org/article/detail/2002/05/id/5040.shtml）。

染案例的受害人处在弱势地位。为了保证及时、有效地制止污染环境的行为，减少其对人身和财产造成的损害，保护受害人的合法权益，有关部门需要更加全面地完善有关法律法规，加大执法力度。

（2）行业发展应以人为本。在高度重视室内噪声污染问题的同时，建筑行业从业者要结合现代科学技术，改良建筑结构设计，设计符合声学环境要求的建筑物；积极使用绿色环保材料，在建筑物内安装减振隔声设备，为居民提供舒适健康的室内环境。

2. 专业知识点

（1）室内噪声污染的来源有哪些？

室内噪声污染的来源有三个方面：①生产噪声；②生活（社会）噪声；③交通噪声。

（2）室内噪声污染的健康危害有哪些？

室内噪声污染的健康危害有四个方面：①影响休息和睡眠；②影响生活质量和工作效率；③对听觉系统的特异性损伤；④对中枢神经系统、心血管系统、消化系统、内分泌系统等产生非特异性的听觉外效应。

三、远洋集团总部健康办公区

（一）案例内容

为贯彻落实2020年7月住房和城乡建设部等六部委印发的《绿色建筑创建行动方案》，摸清我国绿色建筑发展中存在的问题，探讨在碳达峰、碳中和背景下，我国绿色建筑下一个十年的发展路径，中国房地产业协会委托友绿网开展我国绿色建筑发展市场调研，每年发布《中国健康建筑市场发展研究报告》。该报告作为国内专业健康建筑市场研究报告,从政策、技术、市场各维度、全方位考察国内健康建筑行业,具备唯一性、国际性、客观公正、时效性强、内容全面的特点。在《中国健康建筑市场发展研究报告2020》中,远洋集团总部办公区入选经典案例。远洋集团总部办公区入选该报告,意味着这一建筑符合国内健康建筑的标准,同时也为其他建筑的持续健康发展树立了标杆,向全社会展示了国内健康建筑行业的发展成就。

2019年,远洋集团总部办公区完成焕新改造,焕新的初衷就是为员工构建一处开放、共享、健康、智慧的办公空间。在现代生活中,人们的室内活动占了一天中的绝大部分时间,除了家之外,写字楼、办公室是大多数人在工作日中驻足时间最长的室内场所。远洋集团总部办公区改造升级时,基于人们的健康敏感点,特别关注用户敏感度高且感知性强的方面,从空间设计、建筑规划、制度标准等多维度、多角度深入思考,使健康在实践层面真正被考量。

在办公过程中,员工可以通过综合管理平台,实时查看办公空间的环境指数,如$PM_{2.5}$含量、二氧化碳含量、温度、湿度等数据。办公空间充分考虑光线与人、环境的关系,将色温调整为偏暖色调3500 k,营造出轻松愉悦的办公氛围。办公区采用吸声性材料,提高材料的降噪系数,消除干扰,这样既提高了工作效率,又保证了封闭空间的隔音性能,避免声音传递干扰。办公区的饮用水达到国际标准。员工可以根据自身实际情况调节办公座椅,保证办公的舒适度。此外,办公区颠覆了人们对传统办公场所的认知,充分考虑了人与人之间的合理距离,以共享的理念打造更真实、更自由、更开放的互动体验空间。办公区还设置了小型会议室和电话间,并且根据员工的实际办公状态,增设了200个左右的灵活工位,方便外地或临时来办公的员工。办公空间的公共休闲区安放绿植墙,融入了当前可持续发展理念,让室内真正成为一个"会呼吸的空间",给员工创造了一个健康的生态办公环境。为了鼓励员工健身,该集团设计了上下连接从31层到33层的3层办公区的楼梯及健身循环路线,按照动线串联起远洋办公区的各个空间。健康楼梯同入口电梯厅边缘距离在7.5米以内,入口到健康楼梯之间无遮挡;楼梯宽度达到了1.4米,方便双向通行;排放艺术品装置,设置户外或内部观景窗;纯实木加减震垫层、台阶灯营造气氛、绿植和蔬菜环绕……如此多的细节设置,只为让员工在不知不觉中达到锻炼健身的效果。

远洋集团总部为3层空间,面积总计6700平方米,从空气、水、营养、光、健身、舒适、精神这七大核心概念以及新办公空间理念和智能化设备出发,对项目中的每一个细节深入研究并最终落地。从设备、技术、材料、工艺、管理措施等方面出发,最终在整个办公区中设置了多达80个健康要点,从而保证空间使用者的身心健康。

(二) 案例分析

1. 思政元素

(1) 营造健康办公场所,体现企业人文关怀。远洋集团作为企业,充分体现了对员工的人文关怀,从各个角度对员工的身心健康进行了考量,优化办公区域配置。办公室能反映一个公司的企业文化和精神风貌,代表公司的软实力,也为其他企业树立了良好的标杆榜样形象。工作场所的舒适和健康有利于提高职工的工作和生活满意度,树立企业的良好形象,提高企业的市场竞争力,并对构建和谐稳定的劳动关系、促进经济社会健康可持续发展具有积极意义。

(2) "健康入万策"。营造健康办公场所,不仅是企业的职责,也是政府部门的职责。相关政府部门应当秉持"健康入万策"的理念,在相关政策文件中融入健康元素,并积极推动和参与到建设健康友好的办公场所的各项制度的制定、实施和监督中。

2．专业知识点

（1）办公场所的基本卫生要求有哪些方面？

办公场所的基本卫生要求有五个方面：①用地选择要符合卫生学要求；②采光照明良好；③适宜小气候；④空气质量良好；⑤宽松的环境。

（2）办公场所的卫生学特点是什么？

办公场所的卫生学特点有四个：①办公人员相对集中，流动性较小；②办公人员滞留时间长，活动范围小；③办公场所分布范围广泛，基本条件和卫生状况相差较大；④办公场所中存在诸多影响人体健康因素的不利因素。

参考文献

［1］郭彦秀，董彬，尉海东．室内装修的主要污染及其健康影响研究［J］．绿色科技，2016（6）：43－44．

［2］国务院办公厅．国务院办公厅关于转发发展改革委住房城乡建设部绿色建筑行动方案的通知［EB/OL］．（2013－01－06）［2022－10－23］https://www.gov.cn/zwgk/2013－01/06/content_2305793.htm．

［3］中华人民共和国卫生部．居室空气中甲醛的卫生标准：GB/T 16127—1995［S］．北京：中国标准出版社，1995．

［4］叶绍燕．室内装修污染物对人体健康的影响［J］．疾病监测与控制，2013，7（6）：363－365．

［5］北京柠檬树绿色建筑科技有限公司，凤凰网房产．中国健康建筑发展研究报告2020［EB/OL］．［2022－10－23］．https://igreen.org/index.php?m=content&c=index&a=show&catid=61&id=13332．

[6] 诸明宸. 室内环境噪声控制与改善措施 [J]. 住宅与房地产, 2021 (16): 59-60.

(刘汝青 白雅滢)

第十章 公共场所卫生

第一节 课程思政教学设计

一、案例教学适用范围

本案例适用于"环境卫生学"本科生和研究生课程中公共场所卫生等相关章节的教学。

二、课程教学目标

1. 知识目标

(1) 掌握：公共场所的卫生学特点和公共场所的分类。

(2) 熟悉：公共场所的基本卫生要求和各类公共场所的卫生要求。

(3) 了解：公共场所卫生研究的内容。

2. 能力目标

(1) 引导学生学习公共场所的防控要求，综合运用环境卫生学和公共管理学的知识对相关社会热点问题进行剖析，培养学生的跨学科思维和解决实际问题的能力。

(2) 通过小组案例讨论，发挥学生的主观能动性，提升学生对专业知识的学习兴趣，增强学生的团队合作精神，培养学生的表达沟通能力。

3. 价值目标

（1）通过案例分析，展示先辈的革命精神和家国情怀，激励学生向先辈学习，传承和发扬红色精神。

（2）通过案例展示，让学生了解党和国家对民生的重视，理解我国"人民至上、生命至上"的理念及其相应的举措，增强学生的民族自豪感和自信心。

三、教学方法

本章课程适宜采用翻转课堂的教学方法，课前观看影片、阅读相关书籍和查阅文献，对相关问题进行思考；课中采用问题回答、课堂讨论、小组演讲等形式，将课程教学的知识目标、能力目标和价值目标融入案例讨论；课后提出开放式讨论问题，让学生形成学习报告。

第二节 课程思政案例及分析

一、我国医院感染管理历程

（一）案例内容

医院感染（nosocomial infection）是指住院患者在医院内获得的感染，包括在住院期间发生的感染和在医院内获得出院后发生的感染；但不包括入院前已开始或入院时已存在的感染。医院工作人员在医院内获得的感染也属于医院感染。

医疗活动的侵入性操作，如动静脉插管、气管切开、气管插管、吸入装置等，在诊治疾病的同时，会把环境中的病原微生物导入体内，并有可能损伤机体的防御屏障，使病原体容易侵入机体；同时，病人体内的病原微生物也会散播至环境中，停留在物品表面或与空气中的颗粒物形成气溶胶，造成病原体的传播，导致住院病人或医务人员的感染。

自医院出现以来就存在着医院感染的问题，从世界范围来看，医院感染管理的历史可概括为三个阶段。

第一个阶段为细菌学时代以前。19世纪以前，感染的原因未明，无消毒隔离措施，医院感染问题严重，产褥热成为当时欧洲损失最大、问题最严重的医院感染。1843年，奥利弗·温德尔·霍姆斯（Oliver Wendell Holmes，1809—1894）和伊格纳兹·塞梅尔维斯（Ignaz Philips Semmelweis，1818—1865）先后发现，医生的手的卫生状况与产褥热有关。

第二个阶段为细菌学时代。19世纪中，巴斯特·路易斯（Louis Pasteur，1822—1895）在显微镜下发现空气中有微生物，加热可减少其数量。受巴斯特启发，英国外科医师约瑟夫·利斯特（Joseph Lister，1827—1912）率先阐明了细菌与感染之间的关系。

第三个阶段为抗菌药物时代。20世纪初，青霉素的发现和应用使医院感染防控进入了新纪元。但抗菌药物在有效预防和治疗感染的同时也削弱了医院对灭菌技术和消毒隔离措施的重视，反而使医院感染情况更加严重。20世纪60—70年代起，欧美的医院重新重视医院感染管理，将抗生素的应用与无菌技术、消毒隔离等措施相结合，有效地改善了感染与医院感染问题。

我国医院感染的系统性管理起步较晚。1986年4月，卫生部成立全国医院感染管理协调小组和监测网，正式开启我国医院感染管理工作。1987年9月，卫生部召开全国首次医院感染控制经验现场交流会。1989年1月，卫生部全国医院感染监控管理培训基地建立。1989年11月，我国早期影响最大的医院感染管理专著《医院内感染及其管理》出版。1992年5月，中华预防医学会医院感染控制分会成立。1994年3月，浙江省成立我国首个省级医院感染管理质量控制中心。1994年10月，我国第一部医院感染管理规范性文件《医院感染管理规范（试行）》颁布。1996年10月，我国有组织地开展医院感染监控工作第一个十年的全面总结。1998年4月，卫生部医政司委托全国医院感染监控管理培训基地同时承担医院感染监控网管理任务。

进入21世纪，我国通过颁布一系列的法律法规、规章制度和规范标准，进一步加强医院感染管理。2001年1月，《医院感染诊断标准（试行）》颁布。2006年7月，第一部针对医院感染管理工作的部门规章《医院感染管理办法》颁布。2006年10月，全国医院感染控制标准委员会成立。2009年4月，我国首次发布《医院感染监测规范（NS/T 312—2009）》。2012年9月，卫生部印发《预防与控制医院感染行动计划（2012—2015年）》。2013年5月，国家"医院感染质量管理与控制中心"成立。2015年11月，我国开展医院感染信息化监测试点工作，逐步形成相对完整的医院感染防控体系。在新冠疫情期间，为了更好地应对疫情常态化下的医院感染风险，国家颁布了多个科学合理可行的防控规范性文件，包括2020年的《关于完善发热门诊和医疗机构感染防控工作的通知》和《关于进一步做好常态化疫情防控下医疗机构感染防控工作的通知》，2021年的《关于进一步加强新型冠状病毒肺炎救治定点医院院内感染预防与控制工作的通知》和《关于进一步完善医疗机构感染预防与控制工作机制的通知》。2023年8月，国家卫生健康委员会发布《医院感染监测标准（WS/T 312—2023）》，并将于2024年2月1日正式实施。

然而，由医院感染导致的严重医疗卫生事件依然时有发生，例如2008年的西安交通大学第一附属医院8名新生儿死亡事件和2017年的浙江省中医院医源性艾滋病病毒感染事件。

2008年，西安交通大学第一附属医院新生儿科9名新生儿自9月3日起相继出现发热、心率加快、肝脾肿大等临床症状，其中8名新生儿于9月5日至15日间因发生弥漫性血管内凝血相继死亡，1名新生儿经医院治疗好转。调查后发现，该医院新生儿科的建筑布局、工作流程、消毒隔离等方面都存在明显缺陷。新生儿科建筑布局和工作流程不合理，人流与物流相互交叉；对部分新生儿使用的物品和器具采用了错误的消毒方法；医务人员没有规范地进行手卫生；用于新生儿的肝素封管液无使用时间标识等。据对部分医务人员的手、病房物体表面、新生儿使用的奶瓶和奶嘴、新生儿暖箱注水口等进行检测，发现细菌超标严重，有金黄色葡萄球菌、肺炎克雷伯菌的明显污染。①

2017年，浙江省中医院发生一起重大医院感染事故，医务人员在医疗过程中违反"一人一管一抛弃"操作规程，在操作中重复使用一次性吸管造成交叉污染，导致5名孕妇发生医源性艾滋病病毒感染。事后，有关部门对该医院相关责任人做出严肃处理：免去院长的行政职务和党委副书记职务，给予党内严重警告处分；免去党委书记的党内职务和副院长的行政职务；撤销分管副院长职务，免去其党委委员并给予党内严重警告处分；撤销检验科主任职务；免去医务部主任职务；免去院感科科长职

---

① 参见卫生部《卫生部关于西安交通大学医学院第一附属医院发生严重医院感染事件的通报》，见中国政府网（https://www.gov.cn/govweb/gzdt/2008-10/13/content_1118811.htm）。

务。① 直接责任人因"医疗事故罪",被判处有期徒刑二年六个月。②

(二) 案例分析

1. 思政元素

(1) 认识的反复性。

人们对于具体事物的正确认识往往需要经过从实践到认识,再由认识到实践的多次反复才能完成,没有一蹴而就的认识。对于真理的认识,需要人们螺旋上升式的求索。从古至今,人类对医院这一特殊场所的卫生治理,就是不断探索和完善的过程。客观事物是复杂的,对医院感染的各项管理,需要在一步步认识医院环境特点的基础上进行修正。对于科学的认识、事件的探究,需要经过不断的实践、学习和总结。回望历史进程,推动医院感染管理规范的医务工作者们立足本职工作,勤于思考,善于借鉴前人理论,创立方法,挽救了无数生命。我国医院感染管理事业几十年的发展历程,是我国医院感染管理事业发展的映射。我们可以深刻感受到几代人不忘初心、以医院感染防控为己任,依法理、科学防控的责任感和无怨无悔、默默奉献的情怀。作为公共卫生学子,我们应该以先辈为楷模,发扬科学探索精神,经受住困难的考验,以推动人类健康事业发展为己任,不畏艰辛,积极求索。

(2) 防控意识的重要性。

医院感染的危害,不仅表现在患者发病率和病死率的增长、患者痛苦及医务人员工作量的增加、病床周转率的降低,而且给

---

① 参见《浙江省中医院发生重大医疗事故 致5人感染艾滋病病毒》,载《中国青年报》2017年2月10日第2版。

② 参见《违规操作致5人染艾滋病毒 浙江一医生犯医疗事故罪获刑2年半》,载《法制时报》2018年6月12日第5版。

患者及社会造成重大的经济损失。

要做好医院感染防控，思想上的高度重视是根本，充足的经费投入是保证，合理的人员配置是基础，健全的法律法规是前提，严格的消毒隔离制度是关键，提高医院全员防控意识是巨大的推动力。医院感染防控就像最短的木板决定了木桶的容量一样，最薄弱的环节往往限制了医院感染防控的水平和能力。

一系列医院感染事件为我们敲响警钟。医院管理者应认识到，医院感染防控工作是小投入避免大付出，正如铲除蚁穴免溃长堤。部分医院仍然存在重医疗技术、轻医院感染防控的思想，这种防控意识的欠缺，严重阻碍了医院感染防控工作的开展。殊不知，每个环节都存在医院感染隐患，医疗护理工作的每个节点都需要防控医院感染，每个人都有防控责任。

公共卫生学子今后从事医院感染防控工作的并不在少数，更要明确预防医院感染事故发生的重要性，推动医院感染防控的快速发展。医院感染防控工作有其自身的特殊性，表面上看只有投入没有回报，实际上是防患于未然。因此，加强医院感染管理任重道远，各级医院管理者应加以重视，方可取得经济效益、社会效益双丰收。

（3）传承先辈精神，践行初心使命。

我国医院感染防控在泥淖中砥砺前行，我们不能忘记在起步和发展过程中做出特殊贡献的前辈们。2016年，中华预防医学会医院感染控制分会在中国感染防控有序发展30周年之际拍摄了《中国感控·感动中国》的纪录片，该纪录片专访了20多位为中国感染防控事业做出突出贡献的专家和学者，包括中国感染防控开创者王枢群教授、巩玉秀主任，支持中国感染防控事业的优秀院长代表刘玉村教授和樊嘉教授，新时期中国感控"领军"人物胡必杰教授、李六亿教授、吴安华教授，以及消毒和防疫专家张流波教授等。他们是历史的见证者和推动者，为了"中国感控梦"屡经挫折,依旧矢志不渝。

我辈应用心传承先辈精神,践行初心使命,为构建健康友好环境,包括安全的医院环境而努力。

2. 专业知识点

就诊场所有哪些卫生学要求?

就诊场所的卫生学要求详见《医院候诊室卫生标准(GB 9671—1996)》。

二、新冠疫情下的公共场所卫生

(一)案例内容

新冠疫情暴发后,人们被要求在公共场所佩戴口罩、保持安全距离、勤洗手。其重要原因是新型冠状病毒可通过飞沫、气溶胶和直接接触传播。因此,保持公共场所卫生对切断病毒传播途径尤为重要。

2020年,国家卫生健康委员会(简称"国家卫生健康委")发布《公共场所新型冠状病毒感染的肺炎卫生防护指南》,强调需要做好公共场所内物体表面的清洁消毒,保持环境整洁卫生。对高频接触的物体表面(如电梯间按钮、扶手、门把手等),可用含有效氯250～500 mg/L的含氯消毒剂进行喷洒或擦拭,也可采用消毒湿巾进行擦拭。公共场所内应当加强通风换气,保持室内空气流通,如果使用空调,应保证空调系统供风安全,保证充足的新风输入,所有排风直接排到室外。未使用空调时应关闭回风通道。

除了国家卫生健康委发布的防护指南之外,国家卫生健康委还组织专家制定了《新冠肺炎疫情期间办公场所和公共场所空调通风系统运行管理卫生规范(WS 696—2020)》,以此规范新冠疫情期间办公场所和公共场所空调通风系统的运行管理。该标准主要包括空调通风系统的卫生质量要求、运行管理要求、日常检查与卫生监测等内容，适用于新冠疫情期间办公场所和公共场所的空调通风系统的卫生管理。该标准为规范办公场所和公共场所的空调通风系统运行管理提供依据，指导办公场所和公共场所管理者科学合理使用空调通风系统，防止因空调通风系统使用不当而导致新冠疫情的传播和蔓延。

（二）案例分析

1. 思政元素

（1）顾己及人，提高个人卫生素养。公共场所往往聚集人数较多，涉众范围较广，因此，其清洁程度具有重要的公共卫生学意义。除了为了防止病毒传播而要注重公共场所卫生外，在日常生活中，我们也要遵守各类公共场所的卫生要求。对每个人而言，日常生活中的一言一行都与健康息息相关。公共场所随手乱扔垃圾、随地吐痰看似是小事，却给公众带来健康威胁。在公共场所注重个人卫生，不仅仅是个人的事，更是对他人的尊重和保护，是一种社会责任感和道德感的体现。

（2）遵纪守法，增强企业社会责任感。对于企业来说，其影响的群体更大，造成的社会效应更广，更加应当遵守相应行业的卫生规范。例如按照相关标准运行管理空调通风系统，加强重点场所人员岗位培训，建立应急制度，对员工进行宣教，切实做好个人防护措施。企业应当共同维护公共场所及办公场所卫生，防止疾病传播，保障人民健康。

（3）坚守底线，推动部门机构履职尽责。2020年6月2日，习近平总书记在北京主持召开专家学者座谈会时强调，要强化底线思维，增强忧患意识，时刻防范卫生健康领域重大风险。只有构建起强大的公共卫生体系，健全预警响应机制，全面提升防控和救治能力，织密防护网、筑牢筑实隔离墙，才能切实为维护人民健康提供有力保障。

2. 专业知识点

公共场所有哪些基本卫生要求？

公共场所的基本卫生要求有三点：①良好的环境、微小气候和空气质量；②公共用品用具清洁卫生，各种卫生设施运转正常；③从业人员必须身体健康并具备基本卫生知识。

三、公共场所的烟草控制

（一）案例内容

2021年5月26日，国家卫生健康委和世界卫生组织驻华代表共同发布《中国吸烟危害健康报告2020》。报告指出，虽然2020年吸烟率比往年数据有所下降，但烟草每年仍使中国100多万人失去生命。

吸烟是一种非常不健康的行为。空气中的烟草烟雾暴露，会带来一系列的健康问题。其中最常见的是对呼吸系统的损伤，长期的烟草烟雾暴露轻则出现肺脏功能下降，严重的甚至还会诱发肺癌。此外，烟草烟雾里含有大量的挥发性含硫物质，会导致舌苔发黄、口臭等口腔问题；烟雾中含有诱发闭塞性动脉硬化症、动脉炎等疾病的物质，会导致一系列心血管问题。烟草烟雾暴露还会带来罹患骨质疏松及胃肠道疾病的风险。

2022年5月31日，中国疾病预防控制中心发布《2021中国大学生烟草流行调查》（简称《调查》）。《调查》显示，我国大学生吸烟率为7.8%，男生吸烟率（15.0%）高于女生（1.1%），高职/高专吸烟率（11.6%）高于省地属院校（5.0%）和部属或省部共建院校（3.0%）。虽然《调查》显示，大学生对吸烟会引起肺癌的知晓率为86.8%，对会引发心脏病的知晓率为61.3%，对会引发中风的知晓率为56.4%，对会引发阳痿的知晓率为50.6%。但是，由于部分大学生心存侥幸，认为自己还年轻，想要戒烟是容易的事情。因此，部分学生在年少时期就开始吸烟。殊不知开始吸烟的年龄越早，患烟草依赖的风险越大，而且在学校这样的公共场所吸烟，产生的二手烟暴露及吸烟行为会对其他同龄人造成不良影响。

为了减少公共场所的二手烟暴露，我国出台了一系列控制吸烟行为的法规和规章制度。卫生部2011年发布的《公共场所卫生管理条例实施细则》规定，室内公共场所禁止吸烟。公共场所经营者应当设置醒目的禁止吸烟警语和标志。室外公共场所设置的吸烟区不得位于行人必经的通道上。公共场所不得设置自动售烟机。公共场所经营者应当开展吸烟危害健康的宣传，并配备专（兼）职人员对吸烟者进行劝阻。2013年12月29日，中共中央办公厅、国务院办公厅印发《关于领导干部带头在公共场所禁烟有关事项的通知》。通知要求，各级领导干部不得在学校、医院等公共场所吸烟，在打造无烟党政机关的同时，各级党政机关公务活动中也严格实行"无烟化"。2015年10月19日，世界卫生组织、国际烟草控制政策评估项目和中国疾病预防控制中心在北京联合发布的《中国无烟政策——效果评估及政策建议》指出，严格而全面的全国禁烟法规将保护中国13.4亿人口不受二手烟的危害。2014年，国务院法制办公布《公共场所控制吸烟条例（送审稿）》并公开征求意见，其中明确提出"所有室内公共场所一律禁止吸烟"，但该条例因故搁置，至今未能出台。有专家呼吁应当尽快重启《公共场所控制吸烟条例》制定工作，这是建设健康中国的迫切需要。《"健康中国2030"规划纲要》明确要求加大控烟力度，推进公共场所禁烟工作，逐步实现室内公共场所全面禁烟，强化公共场所控烟监督执法等。

（二）案例分析

1. 思政元素

（1）做好自己健康的第一责任人。

每个人都是自己健康的第一责任人。作为当代青年，我们要养成良好的卫生习惯和健康的生活方式。

推进健康中国建设，人人皆有责、人人须尽责。只有每个人都意识到健康是自己和家庭的幸福之基，意识到自己应承担的社会责任并积极参与个人健康管理和社会健康治理，个人幸福、民族振兴和国家富强才有坚实可靠的基础和保障。

（2）完善控烟立法，加强控烟执法力度。

面对庞大的患有烟草依赖的吸烟者，亟须提高我国政府、医学界及大众的重视程度，加强"烟草依赖是一种慢性病，需要治疗"的宣传，提升社会对烟草依赖的认识程度，力求使公众像对高血压、糖尿病有良好认知一样，对烟草依赖也有正确的科学的认识。

应当尽快重启《公共场所控制吸烟条例》制定工作，调研地方立法成功经验，并严格按照世界卫生组织《烟草控制框架公约》的要求，明确禁止在一切室内公共场所、工作场所和公共交通工具吸烟，保护公众不受烟草烟雾危害，促进人民健康。

（3）"人民至上、生命至上"。

卫生部2011年发布的《公共场所卫生管理条例实施细则》明确规定，室内公共场所禁止吸烟。但时至今日，不少公共场所内的吸烟现象依然存在，"禁烟令"在某些地方仍是一纸空文。禁烟难的原因很多，但其中最重要的一点是经济利益驱动。烟草企业至今仍是中国纳税第一的企业，在很多地方的GDP组成里，烟草都占有一席之地。中国烟草产量巨大，烟草行业所牵涉的利益链庞大，这成为控烟决策的最大阻力。一方面是3亿多烟民的健康问题,以及与烟草消费相关的经济损失;另一方面是高额的税收,还有5000万与烟草相关的从业人员的生计问题。如何进行取舍,取决于政府的执政理念和能力。江泽民同志在庆祝中国共产党成立八十周年大会上的讲话中指出,"全心全意为人民服务,立党为公,执政为民,是我们党同一切剥削阶级政党的根本区别"。习近平总书记在参加十三届全国人大三次会议内蒙古代表团审议时发表的重要讲话中提出,"人民至上、生命至上",共同守护人民的生命安全和身体健康,是我党和政府的执政要旨。因此,控烟是必须的,如何采取有效措施,逐步削减烟草经济、减少吸烟人口增量是目前控烟工作的关键。

2. 专业知识点

请阐述公共场所控烟的必要性。

我国吸烟人数众多,吸烟行为和二手烟暴露十分普遍。这将会给国家造成沉重的疾病负担和经济损失。吸烟问题既是对医疗服务和医疗保障体系的艰难考验,又是影响国家长远发展的严峻挑战。因此,公共场所控烟有现实必要性。

参考文献

[1] 高勤,陈颖,杨雨微,等. 课程思政融入本科护理预防与控制医院感染的教学设计 [J]. 科教文汇,2022 (7): 104 - 107.

[2] 国务院应对新型冠状病毒感染的肺炎疫情联防联控机制. 关于印发公共场所新型冠状病毒感染的肺炎卫生防护指南的通知 [EB/OL]. (2020 - 01 - 31) [2022 - 10 - 20]. https://www.gov.cn/xinwen/2020 - 01/31/content_5473402.htm.

[3] 李六亿. 传承·创新·展望:中国医院感染管理卅年 (1986 - 2016) [M]. 北京:北京大学医学出版社,2016.

[4] 刘文生. 院感管理:大考之后 征程再启 [J]. 中国

医院院长，2020（15）：32-39.

[5] 叶丹，王姣，张宇晶，等. 《新冠肺炎疫情期间办公场所和公共场所空调通风系统运行管理卫生规范（WS 696—2020）》解读［J］. 环境卫生学杂志，2022，12（3）：218-222.

[6] 中共中央办公厅，国务院办公厅. 中共中央办公厅　国务院办公厅印发《关于领导干部带头在公共场所禁烟有关事项的通知》［EB/OL］.（2013-12-29）［2022-10-20］. https：//www.gov.cn/gongbao/content/2014/content_2561281.htm.

[7] 中华人民共和国国家卫生健康委员会. 中国吸烟危害健康报告2020［EB/OL］.（2021-05-30）［2022-10-20］. https：//www.gov.cn/xinwen/2021-05/30/content_5613994.htm.

（刘汝青　白雅滢）

第十一章 城市规划卫生

第一节 课程思政教学设计

一、案例教学适用范围

本案例适用于"环境卫生学"本科生和研究生课程中城乡规划卫生相关章节的教学。

二、课程教学目标

1. **知识目标**

(1) 掌握：城乡规划卫生的定义；自然环境因素对城市规划的卫生学意义；城市生态系统的特点；城市功能分区的原则和卫生学要求；城市绿化的卫生学意义；城市环境噪声的评价指标；城市光污染来源及其危害；乡村功能分区的卫生学要求。

(2) 熟悉：城市各功能分区的卫生学要求。

2. **能力目标**

(1) 通过案例拓展，让学生能够对长期城市规划的重要性有充足的了解。

(2) 通过案例讨论，让学生能够对城市绿化、环境噪声等环境保护因素及环境污染因素有更深刻的理解与认识。

3. **价值目标**

（1）通过小组案例讨论，培养学生独立思考和团队协作的能力，提高学生的辩证思维能力，激发学生的学习热情，增强学生的学习主动性。

（2）通过案例教学，让学生了解环境规划卫生在人类生存发展中的重要作用，树立自然环境与人类社会协调发展的可持续发展观，培养学生的科学素养和创新意识，培养学生的民族自豪感和社会使命感。

三、教学方法

本章课程可采用翻转课堂教学，让学生提前自学慕课内容。线下理论课程授课时，教师可根据课程知识点精选课程案例进行讲授，并通过让学生听课、小组案例讨论等授课形式，提高学生学习的积极性，加深学生对知识的掌握。教师通过案例讨论将课程教学的知识目标、能力目标和价值目标以"润物细无声"的方式传授给学生，并培养学生的团队意识。

第二节 课程思政案例及分析

一、城市绿化：花境在南京城市建设中的运用

（一）案例内容

南京位于中国东部、长江下游地区，是长三角辐射带动中西部地区发展的重要门户城市，也是"一带一路"倡议与长江经济带交汇的节点城市。南京处于亚热带季风性湿润气候区，四季分明，雨水充沛。南京的植物资源丰富、种类繁多，是园林城市，有"绿都"之称。

随着长江三角洲地带经济的快速增长，南京的现代化建设快速发展。此外，亚洲青年运动会（简称"亚青会"）和青年奥林匹克运动会（简称"青奥会"）的成功召开，使得南京的城市建设达到前所未有的高峰，城市建设逐渐从现代化建设，向现代化的宜居城市转型。要把南京建设成为不但经济水平高，而且环境优美宜人的现代化大都市，需要依托南京城市本身的优势与资源条件。而在探索城市绿化模式的过程中，南京市尝试利用"花境"建设"美丽城市"。

花境是指绿地中树坛、草坪、道路等边缘的花卉带状布置形式，以宿根草本、花灌植物为主的自然式，或规则式与不规则式之间的一种长型花带。从平面布置来说，它是规则的；从植物的

栽植方式来说，它是自然的。总的来说，花境是一种以人为模仿自然为主要手法，以花卉植物为主要材料，以观赏美观为主要目的而形成的一种绿化形式，是人们"追求自然、源于自然、高于自然"的艺术造景形式。在形式方面，花境往往会沿着长轴方向形成渐进的条状连续，因此会形成垂直和水平方向的综合景观。在平面上，花境是各种花卉的块状混合物；在立体面上，花镜形成高低错落富有立体感的景观。花境在材料选择中，通常由多年生宿根花卉、花灌木、球根花卉等组成，旨在表达植物本身的魅力以及通过组合搭配后植物群落的魅力。

从2014年南京成功举办青奥会开始，"道路彩化"成为南京新一轮城市绿化建设的主旨，花境开始如雨后春笋般出现在南京的大街小巷。常见的花境有道路花境、街边花境、游园花境和中心花境。

道路花境是南京城市中最为常见的花境模式，一般位于城市道路的中分带。此类花境在建设中一般面积较小，形式简单，以纯植物花境为主，旨在保持道路绿化的多样性，使得道路绿化得以脱离常规的枯燥单一性。例如在南京的太平北路沿线中，花境采用了本地的金陵黄枫搭配斑叶芒等观赏草，花卉采用了鼠尾草、孔雀草、夏堇等，色彩明亮，整体简洁明快。

街边花境主要位于城市道路边侧，多数具有原背景，以单面花境为主，较小，形式较为简单，大多为纯植物花境。例如南京草场门地铁站街边绿地，该地面积适中，以雕塑景观作为主景，雕塑中还特意增加了花卉种植，将花卉与雕塑融为一体，整体景观更显丰满；雕像周围则是一个较为常规的单面花境，植物搭配比较合理，层次分明，布局合适，整体看来比较有美感。

游园花镜一般位于城市的公园区域，植物种类多，按照色彩和品种进行搭配，并根据公园特点制作专门的造型，造型相比前两者更夸张，特点更鲜明，突出观赏性质。例如位于南京竺桥广场中的花坛，是一个较大的花坛游园，由于中间放置了电箱，该花境被分为多个部分，为了突出整体的造型特点，前端设置了一个造型树，后面配以塔状绿植衬托，旁边种植了几棵金陵黄枫，黄枫随风摆动，动静结合，相得益彰。在骨架外，采用大量的宿根花卉做整体的带状花境，羽扇豆、紫娇花、天竺葵、非洲菊等不同色彩的花卉，争相斗艳，凸显自然之美。

中心花镜一般位于南京城中心环岛，造型独特，突出地标性质。例如位于南京鼓楼中心的花镜，为近几年南京的新地标。此处的主景为两只大型的孔雀绿雕，寓意为"欢乐祥和"，所以花境在设计时主要考虑衬托绿雕，突出其主体地位。大量的观赏草如斑叶芒、美人蕉、萱草等，体现出一种粗犷的自然美，代表着孔雀栖息在自然之中，欢乐祥和，与绿雕的寓意相呼应。

花境作为一种新型的绿化形式，近年在南京的城市绿化建设中进行了大规模使用，为城市绿化带来了新鲜的血液，丰富了城市的绿化形式。这符合南京城市的品位以及生态发展的需求，大大提升了城市的观赏性和宜居性，并使整个城市体现出亲近大自然、融入大自然的氛围。而且，花境所展现出的原生态风貌，可以弥补城市建筑色彩、质感上的不足，使城市环境更具有人情味，有利于促进居民的身心健康。

(二) 案例分析

1. 思政元素

城市绿化可为居民提供游憩场地，对美化城市有重要作用。在讲解"城市绿化"这一部分内容时，可通过南京的城市花境建设案例，向学生讲解城市绿地的定义，归纳相关的绿地类型；也可以通过案例归纳绿地系统的布局，讨论绿地的卫生学意义。花境作为一种新型的城市绿化形式，给城市发展注入了新鲜血液，在绿化领域内有创新性，因此可通过案例，向学生强调创新的重要性：创新是一个民族进步的灵魂，坚持创新发展，是应对发展环境变化、增强发展动力的根本之策，是一个国家兴旺发达的不竭动力，抓住了创新，就抓住了牵动经济社会发展全局的关键。

理论创新是社会发展和变革的先导。通过理论创新推动科技创新、文化创新以及各方面的创新，不断在实践中探索前进，是我们学习和工作的成功之道。理论创新是在继承的基础上不断吸取新的实践经验、新的思想形成新认识的过程。它源于实践又指导实践。在实践基础上的理论创新，能够在更高层次上引领和推动实践活动的开展，重视理论创新，必须反对教条主义。只有进行创新，才能不断发展。创新又是以坚持和继承为前提的。把继承和创新统一起来，才能真正顺应时代和实践的呼唤，体现与时俱进的要求。因此，让学生明白作为研究者应该将实际情况与开发新方法相结合，努力探索和发展。

人类与环境的关系是对立与统一的，两者互相影响、互相制约，人类活动影响了环境，反过来环境也会制约人类，作用力越大则反作用的制约力越大。在对立方面，人类按其主观能动性而活动，环境按其客观规律性而发展；人类与环境相互排斥，人类以主观需求、主观认识评价环境，力求以选择、改造、治理等方式排斥环境中不合需要的方面，环境则以客观属性排斥人类违背规律的改造活动，令其事与愿违。在统一方面，环境总是作为人类生存的特定环境而存在，人类与它周围的环境是相互作用、相互制约和相互转化的，人类既是环境的产物，在一定意义上讲也是环境的塑造者。因此，我们要尊重客观规律，敬畏自然环境，用合理的方法改造和保护周围的环境。

城市绿化是改善城市生态、保护环境的重要举措，教师可引用南京花境的案例，与学生讨论城市绿化的作用，并强调绿地在保护环境中的重要意义。此外，教师还应进一步强调保护环境的重要性,让学生知道保护环境是我国的基本国策,了解"绿水青山就是金山银山"的含义——环境保护关乎我们以及后人的发展,是为人民创造良好生产生活环境以及为全球生态安全做出贡献。

2. 专业知识点

(1) 绿地（urban green belt, urban green space）的定义是什么?

绿地是以自然和人工植被为地表主要存在形态的城市用地。

(2) 城市绿地系统（urban green space system）是什么?

城市绿地系统是城市中各种类型和规模的绿化用地组成的整体。

(3) 简述绿地类型有哪些?

绿地类型主要有六种:①城市绿地;②公园绿地;③生产绿地,提供苗木;④防护绿地,如防护带、防风带等;⑤附属绿地,如居住绿地、道路绿地等;⑥其他绿地,如风景区、森林公园、湿地等。

(4) 绿地系统的结构和布局有哪些?

绿地系统的结构和布局有两种。①点、线、面相结合:公园（点）、街道绿化（线）、小区（面）。②发展立体绿化:墙面、阳台、屋顶。

(5) 绿地布局的原则有哪些?

绿地布局的原则有四点。①整体原则。②均匀分布原则。③自然原则:要结合土地使用现状,自然协调。④地方性原则:尽量种植本土树种。

(6) 城市绿化的卫生学意义是什么?

城市绿化的卫生学意义有四点。①调节和改善微小气候:降温、减风、保湿。②净化大气。③减弱噪声。④促进心理、生理健康。

二、城市环境噪声：中国最安静的城市——南京

（一）案例内容

随着我国经济社会不断发展，噪声污染连年加重。2021年6月，生态环境部发布《2020年中国环境噪声污染防治报告》。报告显示，生态环境部门共接到公众举报44.1万件，其中噪声扰民问题占全部举报的41.2%，居各环境污染要素的第二位；2020年，据不完全统计，全国范围内受理了约201.8万件环境噪声扰民举报。

作为一个经济发达、常住人口与流动人口众多、车辆众多、商业综合体众多、位于交通枢纽、仍处于大规模建设之中、声源众多的大城市，南京也曾被噪声困扰。近年来，南京各级生态环境部门加大对噪声污染的治理，采取了一系列严管措施，噪声投诉量连年下降。生态环境部发布的《2020年中国环境噪声污染防治报告》显示，南京声环境质量夜间达标率为92.7%，居全国第一；白天声环境达标率为99%，居全国第二。根据《南京市2020年生态环境质量公报》显示，城区区域环境噪声均值为53.9分贝，郊区区域环境噪声为52.8分贝，均优于国家标准。

城市高速发展使得建筑工地遍布城市的每个角落。建设工地带来蓬勃生机的同时，也不可避免地带来了严重的噪音。大小建筑工地是城市噪声的主要来源地，也是居民投诉的重灾区。为此，南京市将工地噪声管控作为噪声污染防治的重中之重，多种措施并举严管控制施工噪声。南京各级生态环境部门在各工地门口设置了噪声监测系统，可实时显示当前噪声分贝。施工分贝数一旦超标，生态环境部门监测平台就会立即收到报警，街道网格

员、生态环境综合行政执法局执法人员就会上门处理。另外,南京市专门建立了施工审批平台规范工地噪音管理,通过平台申报来提高施工单位要求。

道路交通噪声,由于流动性强,历来是城市噪声污染治理的难点。南京市在道路交通噪声防治上也下足了功夫。当地生态环境部门在一些主次干道路边,设置道路环境质量自动监测站,自动采样、分析,并将数据传输到环境监测平台,根据监测数据,生态环境部门和交管、城管、建设等部门共同采取措施,通过交通疏导、建设隔音屏等措施减少噪声污染。此外,南京还开展道路禁鸣行动,由公交车带头执行,禁鸣由中心城区区域扩大至长江以南绕城公路以内,并在多个路段设置车辆鸣笛自动曝光系统,违规鸣笛的车辆由交警予以处罚。

在社会生活与工业噪音管控方面,南京当地政府针对经营性街区噪声污染进行综合整治。为了解决居民健身锻炼和噪声扰民的难题,各地居委在居住区增设休闲运动器材、控制广场面积、推动智慧广场舞示范点的建设。2020年,南京市共查处违反噪声管控施工工地377起,机动车违法鸣号2015起。

南京市通过建立严密、权威、有效的城市噪声污染防治机制,落实、落细各部门的职责和要求,利用新技术、新方法减低噪音,多措并举让南京市成为中国最安静的城市。

(二)案例分析

1. 思政元素

环境噪声污染是指环境噪音超过国家规定的环境噪声限定标准并干扰他人正常生活、工作和学习的现象。城市噪声的来源,包括交通噪音、工业噪音、建筑施工噪音以及城市生活噪音。目前,我国社会不断进步发展,人们生活水平也在不断提升,随之而来的是越来越严重的噪声污染。噪声污染对人们的日常生活、学习以及工作都产生了不良的影响,可以说,噪声污染已成了城市居民幸福生活的一大痛点。因此,控制噪声污染成为现阶段我国社会发展的重点工作内容之一。防治噪声污染与防治水、大气以及固体废弃物污染一样,都是生态文明建设不可或缺的重要内容,是事关人民群众利益的重要工程。习近平总书记强调:"不能一边宣布全面建成小康社会,一边生态环境质量仍然很差,这样人民不会认可,也经不起历史检验。"噪声污染问题关系到每个人的利益,加强噪声污染防治,补齐噪声污染治理短板,满足人民对宁静生活的需求显得尤为迫切。"十四五"时期,我国生态文明建设进入了以降碳为重点战略方向、推动减污降碳协同增效、促进经济社会发展全面绿色转型、实现生态环境质量改善由量变到质变的关键时期,污染防治触及的矛盾问题层次更深、领域更广,需要紧盯污染防治重点领域和关键环节,集中力量攻克老百姓身边突出的生态环境问题。党的十九大把污染防治攻坚战作为决胜全面建成小康社会三大攻坚战之一,全国人大把"加强环境噪声污染治理"内容纳入"十四五"规划和2035年远景目标纲要。一系列政策的出台,体现了国家对噪声污染防治工作的重视,彰显了坚持以人民为中心、满足人民对"宁静、和谐、美丽"美好生活向往的奋斗目标。

  开展噪声污染防治,要以习近平总书记生态文明思想为指导思想,坚持以人民为中心的发展思想,坚持问题导向,聚焦突出问题,推动噪声管理体系和治理能力现代化,切实解决愈发突出的噪声扰民问题,不断改善声环境质量,努力建设宁静宜居的美丽家园。为确保噪声污染防治各项措施能由上而下贯彻落实,需要进一步强化责任落实,明确地方各级党委和政府、各有关部门的噪声污染治理责任、任务和要求,拉单挂账、细化措施,推动部门合作、社会共治。通过组织实施噪声污染防治行动,助力噪声污染防治体系的构建,深化声环境质量管理。

近年来，我国推动噪声污染防治的措施之实、力度之大、成效之显著前所未有。以南京有效控制城市噪声的案例作为正面案例，将国内外最新的控制城市噪声的知识、政策、理念以及技术引入课堂，向学生介绍城市环境噪声的评价指标、现阶段我国城市噪声现状、对人体的危害、控制措施以及相关标准政策。同时，引导学生思考噪声的产生和控制与城市规划的联系，在强调控制城市环境噪声重要性的同时进一步强调城市规划的重要性，达到本章知识点融会贯通的效果。此外，南京防治噪声污染的举措不乏创新之处，借此向学生强调创新精神的重要性，培养学生的创新思维。不管是科研工作还是社会实践都离不开创新，面对愈发复杂的现实生态污染情况，缺乏创新、循规蹈矩将难以适应当前的工作，而创新会使得今后的生态环境工作事半功倍。此案例充分体现了我国对于治理噪声污染、改善居民住宅工作环境、保护居民身心健康的决心以及我国治理噪声污染的思想理念，借此让学生进一步了解我党的执政理念在生态文明建设和环境保护工作上的具体体现。通过案例，加深学生对进入新时代、新阶段后我国防治城市噪声污染的理念与思想的理解，培养学生的爱国情怀和社会责任感。将现实与课堂理论知识结合起来，避免学生脱离生活实际空谈理论，坚持以人为本，把人文主义融入举措中，从群众中来，到群众中去，用科学服务人民，让科学之花在祖国大地上绽放。鼓舞学生努力学习专业知识，肩负起守护人民健康的责任，把青春奋斗融入党和人民的事业，融入公共卫生建设与发展的伟大事业之中，用心去感受公共卫生发展的脉搏。

2. 专业知识点

（1）城市环境噪声的评价指标有哪些？案例中用到哪些评价指标？

城市环境噪声的评价指标有：A声级、等效连续A声级、昼间等效声级、夜间等效声级、累计百分声级、最大声级。

案例用到的评价指标是等效连续 A 声级。

（2）为什么要治理城市环境噪声？

因为噪声会对人体健康产生危害，对健康产生不良影响，尤其对非听力系统健康有不良影响，所以要治理城市环境噪声。

（3）城市环境噪声的控制措施有哪些？

合理的规划是控制城市噪声的有效措施。城乡规划应考虑国家声环境质量标准要求，在进行规划时将声环境影响评价纳入规划环境影响评价中，合理安排功能区和建设布局。

工程技术措施：提高车辆、机械的设计及制造水平以降低噪声排放；在交通干道、高速公路、高架桥旁边修筑噪声屏障，对噪声敏感建筑物进行重点保护，也可合理利用地物地貌、绿化带等作为隔声屏障。

管理措施：加强对交通、建筑施工、工业和社会生活等领域噪声污染的监督管理，严格执行有关噪声排放标准，确保噪声排放达标；为减少交通噪声污染，在噪声敏感建筑物集中区域和敏感时段采取禁鸣、限行、限速等措施，合理控制道路交通参数（如车流量、车速、车型等）。采用自动信号管理以减少车辆鸣笛的次数和鸣笛的持续时间。路政部门应对道路进行经常性维护，提高路面平整度，降低道路交通噪声。

参考文献

［1］贺震. 浅析南京城市噪声污染的防治［J］. 中华环境，2021（8）：60-62.

［2］温香彩. 实施噪声污染防治行动 改善声环境质量［EB/OL］. （2021-12-05）［2022-10-20］. https://theory.gmw.cn/2021-12/05/content_35359848.htm.

［3］吴琼. 南京夜间声环境质量达标率全国第一［EB/OL］. （2021-06-25）［2022-10-20］. http://www.zgjssw.gov.cn/

shixianchuanzhen/nanjing/202106/t20210625_7136308.shtml.

[4] 徐卉. 花境在南京城市建设中的运用：以南京市玄武主城区花境为例 [D]. 南京：南京农业大学，2018.

[5] 中华人民共和国生态环境部. 2020 年中国环境噪声污染防治报告 [EB/OL]. (2021 – 06 – 25) [2022 – 10 – 20]. https://www.mee.gov.cn/hjzl/sthjzk/hjzywr/202106/t20210617_839391.shtml.

（陈功博　徐雨洁）

第十二章　环境质量评价

第一节　课程思政教学设计

一、案例教学适用范围

本案例适用于"环境卫生学"本科生和研究生课程中环境质量评价相关章节的教学。

二、课程教学目标

1. 知识目标

（1）掌握：环境质量评价的概念、意义和目的；环境质量指数的概念、特点和用途；我国环境空气质量指数（air quality index，AQI）、空气污染指数（air pollution index，API）的原理及其形式；环境污染健康影响评价的基本方法。

（2）熟悉：大气质量指数、水质指数的基本形式、特点及表达意义；环境健康影响评价的概念、意义和方法。

（3）了解：国内外常用的几种环境质量指数；健康、经济损失评价方法。

2．能力目标

（1）以我国环境空气质量标准的发展史为主题，向学生介绍我国大气环境质量评价标准的变迁以及其中的政策转变，使学生学习 AQI、API 等空气污染指标的概念和意义。

（2）通过河北省 2005—2014 年的环境污染健康经济损失评价实例，让学生掌握环境污染健康影响评价的概念和意义，了解健康经济损失评价的方法、内容。

3．价值目标

（1）环境质量评价对于掌握环境质量状况的变化趋势、寻找污染治理的重点具有重要作用。

（2）以我国环境空气质量标准的发展与变化为背景，引导学生去了解我国对环境污染评价与治理的理念与政策，开拓环境保护相关视野。

（3）通过介绍河北省的环境污染健康经济损失评价，让学生了解环境污染问题对经济和生态文明建设的影响，深入学习与理解绿色可持续的新发展战略。

三、教学方法

本章课程宜采用翻转课堂和课堂讨论等方法，通过介绍我国空气环境质量标准的历史与发展，学习环境质量评价指标的原理、意义，理论与实践相结合，纵向比较、思考环境质量评价的发展与前景。

通过河北省环境污染健康经济损失评价的案例，开展互动学习，以提问的方式激发学生对环境健康影响评价的兴趣，主动查阅资料，触类旁通，将环境学科与经济学科相结合，从宏观解读国家的环境治理政策与方向，把握污染治理重点。

第二节　课程思政案例及分析

一、我国环境空气质量标准的发展史

（一）案例内容

空气质量与人体健康息息相关。然而，在我国经济快速发展的时期，尤其是在改革开放以来的40多年里，空气质量持续恶化，经济发展和环境问题与人群健康之间的矛盾日益凸显。为了更好地保护和改善生活环境、生态环境，保障人体健康，环境相关部门提出了环境空气质量标准的概念。环境空气质量标准是对大气污染物或者有害因素容许含量或要求而制定的一系列具有法律约束力的技术标准。在过去的30年间，我国的环境空气质量标准经历了初创—反思—攻坚三个阶段的曲折发展，在科研工作者的不懈努力下，形成了如今较为成熟的系统科学的大气污染综合防控体系。三个阶段具体如下：

1. 空气质量标准的初创阶段

1962年，我国颁布了《工业企业设计卫生标准》，并于1979年进行了修订，该标准规定了多种有害物质在大气中的最高容许浓度，是我国最早的关于空气质量的标准。

1982年，我国首次制定并颁布了《大气环境质量标准》。当时的主要空气污染形式是煤烟型污染，监测的污染物主要包括总悬浮微粒、飘尘、二氧化硫等，监测数据也仅供环保部门研究使用，且没有关于空气质量的定性分析。1996年，在考虑到城市机动车排放的情况下，我国对《大气环境质量标准》进行了第一次修订,并更名为《环境空气质量标准》。《环境空气质量标准》于2000年进行了第二次修订,于2012年进行了第三次修订。这些修订进一步扩充了空气质量标准的内容,但始终未在空气质量标准如何更好地反映环境污染物对健康的危害这一问题上取得较大的突破。在这一阶段,空气质量标准整体较粗糙,纳入的污染物种类较少,污染物规定的限值也较宽松,未能起到指导大气污染防控的作用。

2. 空气质量标准的反思阶段

随着工业化、城镇化进程加快,我国的大气污染形式也产生了变化。煤炭消耗量快速增加,钢铁、水泥等高污染行业规模不断扩大,汽车保有量迅速增长。种种问题的集中表现就是灰霾天数和严重程度的大幅增加。例如上海、广州、天津、深圳等城市的灰霾天数,占全年总天数的30%~50%。$PM_{2.5}$指空气中空气动力学当量直径小于或等于2.5微米的颗粒物,主要源于人类活动所产生的废气排放。$PM_{2.5}$具有粒径小且比表面积大的特点,一方面可以吸附病毒、细菌、放射性尘埃以及重金属等各种有毒有害物质;另一方面可以深入人体的肺泡甚至血液,可影响人体的呼吸、心血管、免疫、生育、神经和遗传系统等。虽然$PM_{2.5}$对人体危害大,但专家组就这一指标是否应当纳入空气质量标准,未能达成一致认识。2010年11月出台的《环境空气质量标准(征求意见稿)》仅把$PM_{2.5}$作为参考性指标而非强制性指标,原因有两点:第一,彼时我国总悬浮颗粒(TSP)与PM_{10}浓度水平较高,这两种污染物带来的健康问题较为严重,且$PM_{2.5}$对人群健康的不良影响和机制尚未完全明确;第二,我国$PM_{2.5}$浓度较高且未得到有效治理,若按该标准强制实施,全国各地将出现大范围的$PM_{2.5}$浓度超标的现象。

在这一阶段中,环保部门针对现有标准能否适应新形势的要求已经进行了一些反思,并出台了新的空气质量标准,但囿于上述原因，新的标准针对 $PM_{2.5}$ 的认识依然不足，对空气污染物的评估和防控指导仍是不全面的、不完整的。

3. 空气质量标准的攻坚阶段

2011 年至今是我国大气污染发展的攻坚阶段，在这一时期，我国修订了多个大气环境保护法律和标准，对《环境保护法》《中华人民共和国大气污染防治法》《中华人民共和国防沙治沙法》《中华人民共和国节约能源法》等进行了修改、完善和补充，为大气污染治理提供了坚实的法律保障。2012 年 2 月 29 日，环保部发布了新修订的《环境空气质量标准》（简称《新标准》），同时发布了《环境空气质量指数（AQI）技术规定（试行）》与《关于实施环境空气质量标准的通知》。《新标准》也是我国第一个经由国务院审议的环保标准。

《新标准》无论是在标准的定位与重点等宏观方向，还是在污染物指标与限值等细节都发生了变化：《新标准》调整了环境空气功能区分类，将三类区并入二类区；增设了臭氧 8 小时平均浓度限值；调整了 PM_{10}、NO_2 等的浓度限值；调整了数据统计的有效性规定；而更重要的是，在与《新标准》同时出台的《环境空气质量指数（AQI）技术规定（试行）》中，$PM_{2.5}$ 也被纳入环境空气质量指数中，空气污染指数（API）变更为空气质量指数（AQI）。

《新标准》的出台，标志着我国环境管理开始由以环境污染控制为目标导向，向以环境质量改善为目标导向转变。笼统地以环境保护为核心理念的旧范式，正在被以保障人体健康和环境质量为核心理念的新范式所取代。

（二）案例分析

1. 思政元素

（1）"持续深入打好蓝天、碧水、净土保卫战"。

党的二十大报告指出，"持续深入打好蓝天、碧水、净土保卫战。加强污染物协同控制，基本消除重污染天气"。党的十八大以来，在习近平生态文明思想指引下，国家大力实施大气污染防治并取得前所未有的成就。以北京为例，大气 $PM_{2.5}$ 平均浓度从 2013 年的 89.5 微克/立方米下降到 2021 年的 33 微克/立方米，累计下降 63.1%，并首次实现了空气质量全面达标，被联合国环境规划署誉为"北京奇迹"。蓝天常伴是生态环境质量显著改善的标志性成果，也是以人民为中心发展思想的生动体现。

习近平总书记指出："环境就是民生，青山就是美丽，蓝天也是幸福，绿水青山就是金山银山；保护环境就是保护生产力，改善环境就是发展生产力。在生态环境保护上，一定要树立大局观、长远观、整体观，不能因小失大、顾此失彼、寅吃卯粮、急功近利。"[1]

（2）以人民为中心，以健康为根本。

2023 年 3 月 23 日，习近平总书记在福建考察时指出："现代化最重要的指标还是人民健康，这是人民幸福生活的基础。把这件事抓牢，人民至上、生命至上应该是全党全社会必须牢牢树立的一个理念。"[2]

健康是促进人的全面发展的必然要求，是经济社会发展的基础条件，是民族昌盛和国家富强的重要标志，也是广大人民群众的共同追求。党的十八大以来，党中央把维护人民健康摆在更加突出的位置，召开全国卫生与健康大会，确立新时代卫生与健康工作方针，印发《"健康中国 2030"规划纲要》，发出建设健康中国的号召。党的二十大报告提出，"把保障人民健康放在优先

---

[1] 习近平：《环境就是民生，青山就是美丽，蓝天也是幸福》，见中国共产党新闻网（http://cpc.people.com.cn/xuexi/n1/2018/0223/c385476-29830095.html）。

[2] 汪晓东、张炜、赵梦阳：《为中华民族伟大复兴打下坚实健康基础——习近平总书记关于健康中国重要论述综述》，载《人民日报》2021 年 8 月 8 日第 3 版。

发展的战略位置，完善人民健康促进政策"。

我国大气污染治理工作应进一步明确各级政府的主体责任，强化重点污染源治理，继续调整优化四大结构，统筹兼顾，强化区域联防联控，强化科技能力建设，注重大气环境问题预测，加强环境科学与技术研究，共同推进大气污染防治。

2. 专业知识点

（1）大气质量评价的主要方法有哪些？

大气质量评价的主要方法有：比值算术均数型大气质量指数、大气质量指数、大气污染超标指数、分段线性函数型大气质量指数、普适指数等。

（2）环境污染健康影响评价的步骤是哪几步？

环境污染健康影响评价的步骤为：①现场初步调查；②健康效应评价，包括健康危害确认、暴露评价、病因推断及因果关系判断。

二、河北省环境污染物经济损失评价与环境治理

（一）案例内容

进入21世纪，我国经济发展突飞猛进，但同时也付出了极大的环境代价，引发了雾霾天气常态化、水质恶化、土壤重金属持久性污染等问题，严重影响人们的健康和生活质量。随着人们生活水平的提高和国家宏观政策的执行，治理环境污染、改善环境质量变成了当前迫切而具有挑战性的任务。《"健康中国2030"规划纲要》要求把公众健康摆在优先发展的战略地位，只有切实加强环境污染治理才能更好地满足公众的健康需求与对美好生活的需求。党的二十大报告中，习近平总书记再次强调："我们

坚持绿水青山就是金山银山的理念，坚持山水林田湖草沙一体化保护和系统治理。"新时代的生态文明建设中，我们要始终牢记"双碳"目标，助力污染防治攻坚向纵深推进，实现绿色、低碳、循环发展。

评价环境污染物对人群健康的影响可以帮助我们把握环境污染物对人群健康效应的影响趋势，寻找污染治理的重点，为进一步研究环境污染与人群健康和改善区域生态环境状况提供依据。健康经济损失评价也是其中的一部分。将环境污染物对公众健康的负面影响具象化为造成的经济损失，通常指产生的医疗费用和由于疾病或死亡带来的工资损失，更加深入的货币化估算，作为环境保护措施的成本-效益分析的基础。健康经济损失评价通常使用人力资本法（human capital，HC）、支付意愿法（willing to pay，WTP）等。我国目前常用的是人力资本法，例如1995年西安市大气PM_{10}污染对人群健康损失的评价就是计算PM_{10}浓度升高对当地死亡人数、病例数和受限活动天数的影响。Mccomelt曾用支付意愿法估算了马萨诸塞州的海湾因有机化合物导致的水体污染损失。2016年，一项关于河北省环境污染造成的经济损失评价的研究，充分运用了人力资本法、市场价值法、机会成本法、恢复费用法等多种技术方法对经济损失进行估算。本案例以河北省的环境污染物经济损失评价为例，阐述环境污染物的评价内容。

河北省钢铁、煤炭等重工业行业较为集中，能源消费量位于全国第二位。这些重工业推动了河北的经济繁荣，但同时也带来巨大的环境成本，使得河北省环境保护与当前的经济发展方式之间的矛盾十分突出。燕山大学团队对河北省2005—2014年之间的环境污染物对人群健康和经济损失进行估算。结果显示，河北省环境污染物经济损失呈现逐年增长的趋势，年均增长率为10.81%；大气污染经济损失中人体健康损失比例较大，占总损失的60%以上，水污染经济损失中工业损失和渔业损失占总损失的70%以上，而固体废弃物经济损失波动较大。2008—2014年，河北省大气污染经济损失的年平均增长率为10.89%，2014年大气污染造成的经济损失高达795.52亿元。因此，必须加强对大气污染源管理、区域联动治理，才能有效改善空气质量，降低由于大气污染带来的经济损失。河北省水污染经济损失占总损失的比重低于10%，但依旧达到35亿元/年。由于河北省为资源型缺水省份，水体自净化的能力和污染承载力本就较差，因此其恢复成本和时间不是经济指标能够展示出来的。河北省固体废弃物的经济损失占总损失的比重非常之小，历年经济损失也不到1亿元，但其危害十分广泛。经济估算提示固体废弃物的治理具有周期短、成效快的特点，河北省应当予以重视，提高固体废弃物的利用率，加强监管，实现GDP的发展与环境保护的平衡。[①]

"十三五"以来，河北省为推动环境空气质量改善、为群众留住更多蓝天攻坚克难、全力以赴。河北省大力推进煤改气、煤改电"双代"工程，基本实现平原地区散煤清零。2018年，河北省在全国率先推进钢铁、焦化等行业超低排放改造，基本实现重点行业有组织超低排放改造全覆盖。深入推进供给侧结构改革，河北省坚持实施国家要求的去产能策略，实现产业转型，2019年，高新技术产业增加值比2015年提高3.5个百分点，服务业增加值比重首次突破50%。经过将近10年的奋斗，在环境质量评价的科学指导下，环境治理有的放矢、破题攻坚。京津冀三地空气质量也实现大幅度明显改善，2019年细颗粒物（$PM_{2.5}$）年均浓度与2015年相比下降33%，区域共享空气质量

---

① 参见崔青青《河北省环境污染物经济损失估算研究》（硕士学位论文），燕山大学2017年。

改善成果，环境治理初见成效。① 党的二十大再次强调生态文明建设的重要性，河北省的环境治理任重道远，为实现"双碳"目标仍需万众一心，才能重建河北的蓝天白云。

面对环境污染问题，快速、有效的治理十分重要，了解环境污染物造成的经济损失有多大，通过对经济损失进行评价才能找到造成污染问题的根本原因，才能更好治理环境污染。因此，环境污染经济损失研究是绿色 GDP 发展的必由之路，是实现绿色可持续发展战略的关键举措。

（二）案例分析

1. 思政元素

（1）踔厉奋发，贯彻落实"双碳"目标，坚持绿色发展新理念。

2020 年 9 月 22 日，习近平总书记在第七十五届联合国大会一般性辩论上宣布，中国力争 2030 年前二氧化碳排放达到峰值，努力争取 2060 年前实现碳中和目标，即"碳达峰""碳中和"。当下中国的环境保护稳步发展，就是因为党和国家在政策上始终坚持在发展中保护，在保护中发展，贯彻落实以绿色为底色的高质量发展理念。

2021 年，习近平总书记在《生物多样性公约》第十五次缔约方大会领导人峰会视频讲话中提出："绿水青山就是金山银山。良好生态环境既是自然财富，也是经济财富，关系经济社会发展潜力和后劲。我们要加快形成绿色发展方式，促进经济发展

---

① 参见谢希瑶、巩志宏、戴小河等《为了蓝天下的幸福——河北省推进大气污染防治见闻》，载《人民日报》2020 年 12 月 22 日第 2 版。

和环境保护双赢,构建经济与环境协同共进的地球家园。"① 环境治理,要始终牢记"双碳"战略,倡导绿色、环保、低碳的生活方式,加快降低碳排放步伐,推进产业结构和能源结构调整。

对2005—2014年这10年间河北省的健康经济损失评价结果表明,一味地发展经济而不注重生态保护,必然会导致二者的矛盾,甚至需要耗费大量的人力、物力、财力去治理环境污染,并且环境污染对人体健康的危害不是金钱所能衡量的。对环境污染问题的健康经济损失评价,应当深刻地认识到发展经济决不能以牺牲生态环境为代价,推动高质量发展就必须以实现"碳达峰""碳中和"为内在要求,优化产业布局,积极布局绿色产业,科学统筹区域协同、联动互补,用实际的政策和举措践行绿色发展的理念。

(2) 以人为本,推动人与自然和谐共生。

党的二十大报告指出,"中国式现代化是人与自然和谐共生的现代化。人与自然是生命共同体,无止境地向自然索取甚至破坏自然必然会遭到大自然的报复。我们坚持可持续发展,坚持节约优先、保护优先、自然恢复为主的方针,像保护眼睛一样保护自然和生态环境,坚定不移走生产发展、生活富裕、生态良好的文明发展道路,实现中华民族永续发展"。② 在新时代坚持和发展中国特色社会主义的基本方略中,要坚持人与自然和谐共生,要坚持绿色的新发展理念。建设美丽中国是建成社会主义现代化强国的目标,生态文明建设、人与自然和谐共生在党和国家事业

---

① 习近平:《共同构建地球生命共同体——在〈生物多样性公约〉第十五次缔约方大会领导人峰会上的主旨讲话》,见中国政府网(https://www.gov.cn/xinwen/2021-10/12/content_5642048.htm)。

② 习近平:《高举中国特色社会主义伟大旗帜 为全面建设社会主义现代化国家而团结奋斗——在中国共产党第二十次全国代表大会上的报告》,见中国政府网(https://www.gov.cn/xinwen/2022-10/25/content_5721685.htm)。

发展全局中占有重要地位。

人与自然和谐共生，就是要实现发展与环境保护的平衡。当经济发展与人群健康相矛盾时，应当以人为本，尊重自然、顺应自然、保护自然。近年来，环境卫生领域对于环境质量评估和安全风险评估的研究越来越重视，这表明人民日益增长的对美好生活的需要要求我们对于环境健康影响评价要有新的技术、方法和应用，要广泛应用环境流行病学调查方法，研究环境质量与人群健康效应的关系，为政策的制定和环境污染的治理提供一个参考和指导。中国进入高质量发展阶段，应当贯彻人与自然生命共同体理念，以人为本，努力建设人与自然和谐共生的现代化。

2. 专业知识点

（1）环境质量评价的目的是什么？

环境质量评价的目的有五点：①掌握和比较环境质量状况及其变化趋势；②寻找污染治理重点对象；③为环境综合整治和城市规划及环境规划提供依据；④研究环境质量与人群健康的关系；⑤预测和评价规划或建设项目对周围环境可能产生的影响。

（2）环境对人群健康影响的评价的内容与方法有哪几个方面？

环境对人群健康影响的评价的内容与方法有三个方面：①人群健康效应评价；②环境污染健康影响评价；③健康经济损失评价。

参考文献

[1] 崔青青. 河北省环境污染物经济损失估算研究 [D]. 秦皇岛：燕山大学，2016.

[2] 范明辉. 我国环境空气质量标准的政策学习与政策变迁分析 [D]. 大连：大连理工大学，2013.

[3] 汪晓东, 张炜, 赵梦阳. 为中华民族伟大复兴打下坚实健康基础: 习近平总书记关于健康中国重要论述综述 [N]. 人民日报, 2021-08-08 (3).

[4] 王文兴, 柴发合, 任阵海, 等. 新中国成立 70 年来我国大气污染防治历程、成就与经验 [J]. 环境科学研究, 2019, 32 (10): 1621-1635.

[5] 习近平. 共同构建地球生命共同体: 在《生物多样性公约》第十五次缔约方大会领导人峰会上的主旨讲话 [EB/OL]. (2021-10-12) [2022-10-20]. https://www.gov.cn/xinwen/2021-10/12/content_5642048.htm.

[6] 杨克敌, 郑玉建, 郭新彪, 等. 环境卫生学 [M]. 8 版. 北京: 人民卫生出版社, 2017.

(曾晓雯　曾庆国　张　婧)

第十三章 家用化学品卫生

第一节 课程思政教学设计

一、案例教学适用范围

本案例适用于"环境卫生学"本科生和研究生课程中家用化学品卫生相关章节的教学。

二、课程教学目标

1. **知识目标**

(1) 掌握：家用化学品的健康危害问题、分类与表现；家用化学品安全性评价和卫生标准。

(2) 熟悉：家用化学品卫生质量监督的内容与方法；家用化学品对人体健康的影响及相应的预防控制措施。

(3) 了解：国外家用化学品的管理方式；当前家用化学品安全性评价的发展趋势；我国家用化学品卫生与质量监督和管理的新动向。

2. **能力目标**

(1) 通过介绍洗衣产品的发展史，让学生了解我国工业革命给人们生活带来的变化，利用环境卫生专业知识和历史发展规律相结合的方法对相关社会热点问题进行剖析，并提出相应的解决措施，培养学生交叉学科的逻辑思维和解决问题的能力。

（2）通过小组案例讨论，发挥学生的主观能动性，提升学生对专业知识的学习兴趣，增强学生的团队合作精神，培养学生的沟通表达能力。

3. 价值目标

（1）通过案例教学，让学生了解我国发展家用化学品存在的问题和面临的挑战；通过学习洗衣产品发展史与"替代动物实验"案例，深入学习党和国家的生态理念，让学生能够在工作、生活中积极思考人与自然的关系。

（2）激励学生利用所学专业知识，以实现中华民族伟大复兴的中国梦为奋斗目标，为胜任未来工作培养良好的政治素养。

三、教学方法

以案例为教材，教师根据教学大纲规定的教学目的和要求，将本课程的知识目标、能力目标和价值目标融入案例讨论分析。通过课堂讨论和完成小组任务等形式，学生成为教学活动的主体，并形成自主学习、合作学习、研究性学习和探索性学习的开放式学习氛围。与此同时，将思想政治教育灵活地融入教学实践活动中，引导学生树立正确的世界观、人生观和价值观，达到课程思政的目的。

第二节　课程思政案例及分析

一、洗衣产品的发展历程

（一）案例内容

作为人类生活的必需品，织物洗涤品一直随着科技生活等一系列因素不断地发生着变化。

在中国古代，人们称洗衣为"捣衣"。当时，人们在衣物上撒草木灰和皂角，然后使用棒槌敲打衣物。汉朝时，人们用天然石碱进行洗涤。魏晋时期，人们开始用皂角和澡豆清洗衣物。那时是农业社会，生产力水平低下，绝大多数生活物品都依靠大自然的给予，这些天然洗涤用品的获取十分方便。但草木灰碱性较强，对人的皮肤具有腐蚀性，并且会腐蚀棉类纤维，降低衣服寿命。强碱还会使水质变硬，危害土地。另外，这些天然产品的清洁能力较弱。

随着第一次工业革命的发展，通过电解食盐来制取火碱的方法得到普及，结束了从草木灰中制取碱的古老方法。接着，人们发现脂肪酸的结构和特性，为制造肥皂奠定了化学基础。随着苛性钠的普及，19世纪末，制皂工业由私人手工作坊转化为大规模工业化生产，肥皂成为平民百姓的日常生活用品。

1854年，英国商人将皂块引入中国。当时国内企业无法生产皂块，都是由洋行进货后销往各地，于是中国民众称这些皂块为洋碱（广东称番碱），皂块在中国逐渐代替了传统的皂荚，直到民族工商业自己造出了肥皂，才渐渐舍弃了"洋"字。

肥皂的主要成分是硬脂酸钠（通过碱将油脂皂化后得来），去除污渍的能力较强，对皮肤刺激性低，也会起到保护织物的效果。但肥皂的制作过程要消耗大量油脂，在使用硬度较高的水如自来水洗涤时容易形成皂垢，使纺织品颜色变黄和发硬。

1907年，德国汉高公司（Henkel）以硼酸盐和硅酸为主要原料，首次发明了洗衣粉，但由于缺乏合适的助剂，此时洗衣粉的清洁效果较差。直到1950年加入助剂三聚磷酸钠后，洗衣粉的去污能力才大大提高，并开始迅速发展。1957年，我国开始研制合成洗涤剂；改革开放后，合成洗涤用品得到了长足的发展，出现了各式各样的产品。由于去污效果比较强，加上可用于洗衣机等优点，洗衣粉成为一种广泛使用的合成洗涤剂。1985年，洗衣粉的销量超过肥皂。但洗衣粉也存在许多缺点，如添加的化学原料会造成皮肤粗糙、皮肤瘙痒，强碱对织物具有腐蚀性，无机助剂会导致洗衣粉溶解性差，使衣物难以漂洗、容易受潮、不易存放等。

随着人们对于洗涤产品的要求逐渐提高。20世纪80年代，出现了新一代织物洗涤产品——洗衣液。洗衣液分为结构型和非结构型两大类。结构型洗衣液的配方较为接近洗衣粉。目前，国内外市场上的主流是非结构型的洗衣液，它溶于水后酸碱度接近中性，对皮肤温和、刺激小，水溶性好，更易于漂洗。去污能力弱一些，但对衣物的损伤小。更重要的是，其降解速度较快，对环境影响小，能够满足日常生活的洗涤需求。

（二）案例分析

1．思政元素

（1）科学技术是第一生产力。

从皂荚、草木灰时代到浓缩洗涤品的出现，不仅是洗涤产品的变革，而且是一次次科技的改变，是生活水平、生活观念以及国家的发展促使了衣物洗涤品的变革。

古代以小农经济为主,生产方式落后,主要通过人力来获取自然资源,有部分化学知识储备与实践,但是没有形成系统的知识体系和工业体系。因此,古人主要使用木棍、清水、草木灰、皂荚等能直接从自然界获取或简单加工的物品来进行衣物清洁。

1791年,法国化学家吕布兰(N. Leblanc)用电解质食盐方法制取火碱成功。这不仅是草木灰到肥皂的进步,而且是人类迈入工业时代历史进程的演变。它带动了当时经济的发展,带动了人们生活水平的提高。

从草木灰到皂角,从皂角到洗衣粉,从洗衣粉到洗衣液,从洗衣液到浓缩洗涤产品,这一系列变化不仅是洗涤行业产品的变化,而且是整个社会的改变。从远古时代到21世纪,各个学科的知识既经历了上千年的缓慢积累,又经历了近百年间的知识大爆炸,在大量理论的支撑下,科学技术水平提升,才有了社会的进步、生活水平的提高、环保意识的增强,因此,科学技术是第一生产力。

(2)认识来源于实践又反作用于实践。

认识的需要来源于实践的需要。在古代,人们劳作后需要清洗衣服,发现清水可以冲洗污垢,并通过使用捣衣杵击打衣物来加强清洗效果。认识的内容来源于实践。人们通过实践才能发现草木灰、皂荚、天然石碱等物品能够帮助吸附污垢。认识的目的是实践,即认识反作用于实践。随着近现代科学理论的发展,众多知识理论用于指导实践,如法国化学家吕布兰用电解食盐方法廉价制取火碱等。

2. 专业知识点

家用洗涤剂有哪些卫生学要求?

家用洗涤剂的卫生学要求有四个方面。

(1)基本要求。有安全性资料或数据,以保证产品在使用浓度下对皮肤没有强刺激性或致敏性。

（2）感官指标。不分层，无明显悬浮物或沉淀，无机械杂质的均匀液体，无异味、符合规定香型。

（3）理化指标。在日常高温和日常低温下具有稳定性，总活性物、pH、总五氧化二磷、去污力达到相关标准。

（4）产品标识、包装、运输、贮存、保质期应符合要求。

二、反对家用化妆品"动物实验"

（一）案例内容

2021年3月4日，中国国家药品监督管理局宣布《中国化妆品动物实验条例修订稿》最终敲定，从5月1日起，进口普通化妆品免除动物测试。普通化妆品是指洗发水、沐浴露、腮红、睫毛膏、香水等个人护理和美妆产品，与之相对应的特殊用途化妆品包括防晒产品、染发剂、防脱产品、儿童用品等仍然需要接受动物测试。

近百年来，化妆品的安全性验证基本都是通过动物实验来评估的。对于化妆品原料和组分的量化指标是否是安全的，也要通过动物实验来评估。现有的化妆品动物实验主要有三种：一是 Draize 测试（眼睛刺激性测试）；二是皮肤刺激性测试；三是 LD_{50} 测试（半数致死量测试）。《化妆品安全技术规范（2015年版）》描述，接受眼睛和皮肤刺激性测试的试验动物可能出现的症状为皮肤红斑、焦痂、水肿、角膜混浊、虹膜充血肿胀、结膜充血肿胀等。半数致死量测试一直是测试物质是否有毒的标准实验。这种实验最常用到的动物是老鼠，动物们会根据不同物质产生许多不同的病症，其中包括痉挛、呕吐、腹泻、瘫痪等，直到一半（LD_{50}）动物死亡后，实验结束。为了不影响实验的准确性，这些动物在实验过程中均得不到任何医疗救治。《化妆品安全技术规范（2015年版）》规定，如果动物在试验的任何阶段出现严重抑郁、痛苦的表现，或出现比较严重的不可逆损伤的症状时，应当给予人道地处死。因此，在实验过程中和实验结束后，无论健康与否，所有动物都将被杀死。

20世纪80年代开始，一些动物保护组织开始反对化妆品的动物测试。1996年，美国和加拿大成立了化妆品消费者信息联盟（Coalition for Consumer Information on Cosmetics），并推出"Leaping Bunny"零残忍认证项目。反对动物实验的人士认为，人类和动物的生理构造不同，对各种物质的反应也不一样，因此动物毒理实验并不能准确的预测人类对化学物质的真实反应。随着科学技术的进步，在化妆品及其原料安全的科学实验和验证方面采取"非动物替代实验"是大趋势。

在这样的大趋势下，国外提出了减少（reduce）、优化（refine）和代替（replace）动物实验的"3R理论"，即通过使用无知觉的材料代替（replace）有意识的活体高等动物，在确保获取一定数量和精度的信息前提下尽量减少（reduction）动物使用量，采取优化措施（refinement）减轻动物痛苦的发生和严重程度。例如利用离体的大鼠皮肤、牛和猪的角膜、兔和鸡的眼球进行皮肤刺激、眼刺激测试。随着体外细胞分离培养技术的成熟发展，利用细胞毒性检测化妆品光毒性的方法也被开发出来。随着更先进、更精准的系列动物替代试验方法被开发出来，人们可以在不残忍对待动物的前提下，提供更精确、更有效的实验结果。

（二）案例分析

1. 思政元素

（1）人与自然和谐相处的生态观。

"非动物替代实验"的发展，不仅代表着化妆品领域的动物权益意识的觉醒,而且代表着人类对于人类自身与大自然的关系、人类与其他物种的关系的认知的改变。人类不再把自身放在其他物种的对立面,不再以统治者的身份对待大自然,而是逐渐意识到人与自然、其他物种之间需要建立平衡关系。

公共卫生人在预防疾病、保护人群健康的时候,也要注重人与自然的和谐相处。首先,应该摆正人与自然的关系,尊重和保护其他物种,珍惜现有的自然资源,必须懂得自然资源不是无限的,争取在花费最少资源、对自然界和其他物种损伤最小的前提下保护人类健康;其次,利用已有的科技协调人与自然的关系,共同构建和谐社会,在保护人类健康的同时,也把其他物种的健康生长作为努力方向。

(2)事物发展是螺旋式上升与波浪式前进的。

1867年,马克思在其著作《资本论》中写道,事物的辩证发展就是经过两次否定,出现三个阶段,即"肯定—否定—否定之否定",形成一个周期。事物的这种否定之否定的过程,从内容上看,是自己发展自己、自己完善自己的过程;从形式上看,是螺旋式上升或波浪式前进,方向是前进上升的,道路是迂回曲折的,是前进性与曲折性的统一。

我们对动物实验的认识,对人与自然、人与其他物种的关系上的认知,也遵循螺旋式上升和波浪式前进的发展规律。原始社会和古代社会的人类力量较为渺小,面对自然灾害基本无力抵抗,只能被动地接受大自然的赠予或者灾害。当时,人们对于大自然更多的是敬畏。在工业化时代,社会的迅速发展让人类认为自己可以主宰自然,主宰其他物种。对大自然的无限制索取使得气候发生变化、许多物种灭绝,最终危害人类。于是人类与其他物种的关系又转变为和谐共生,人类开始尊重自然和其他物种。从进行动物实验到推出"非动物替代实验",体现了人们对于人与自然这个议题的看法的变化,体现了人类认知水平的逐步发展与上升。

在学习中，我们获得的知识，形成的世界观、人生观、价值观，也是呈螺旋式上升和波浪式前进的。因此，在遇到困难时，要相信阻碍是暂时的，应该继续坚持目标。同时，要善于辨别与接收新的学术观点和观念。

2．专业知识点

请阐述我国的化妆品卫生监督体系。

我国的化妆品卫生监督体系包括三个方面。

（1）化妆品生产的卫生监督。对化妆品生产企业实行卫生许可证制度，对化妆品生产企业，从事化妆品生产的人员，生产化妆品所需的原料、辅料以及直接接触化妆品的容器和包装材料，卫生质量检验等提出系列安全标准。

（2）化妆品经营的卫生监督。化妆品经营单位和个人应销售取得《化妆品生产企业卫生许可证》的企业所生产的，有质量合格标记等符合规定的化妆品；在广告宣传方面，要求化妆品的名称、制法、效用或者性能不得虚假夸大，不能使人误解其效用或宣传医疗作用。

（3）化妆品卫生监督机构及其职责。国务院卫生行政部门聘请有关专家对化妆品和化妆品新原料进行安全性评审，对化妆品引起的重大事故进行技术鉴定。各级卫生行政部门行使化妆品卫生监督职责，并指定化妆品卫生监督检验机构，负责本辖区内化妆品的监督检验工作。

参考文献

［1］湖南艾丽科技．洗涤产品（洗衣粉、洗衣液）的演变发展：古代篇［EB/OL］．（2020－05－20）［2023－09－24］．http://www.sohu.com/a/396422409491710.

［2］华丽志．中国告别"动物测试"，化妆品的安全将如何

保障?［EB/OL］.（2021-03-11）［2023-09-24］. http://www.163.com/dy/article/G4R33O9V0519FFAI.html.

［3］郇庆治. 开辟马克思主义人与自然关系理论新境界［EB/OL］.（2020-07-18）［2023-09-24］. http://paper.people.com.cn/rmrb/html/2022-07/18/nw.D110000renmrb_20220718_2_11.htm.

［4］王艳，谢琴琴. 中国衣物洗涤品的发展历程及变革特征研究［J］. 轻工科技，2020，36（10）：32-33.

［5］张殿义. 中国化妆品培养国际范儿离不开"零残忍"［J］. 中国化妆品，2020（1）：88-91.

（文　丽　林薇薇）

第十四章　突发环境污染事件及其应急处理

第一节　课程思政教学设计

一、案例教学适用范围

本案例适用于"环境卫生学"本科生和研究生课程中突发环境污染事件及其应急处理等相关章节的教学。

二、课程教学目标

1. 知识目标

（1）掌握：突发环境污染事件的定义、基本特征；应急准备、应急响应、应急监测、泄漏处置和紧急医疗救助的具体内容。

（2）熟悉：突发环境污染事件的分级、分类；突发环境污染事件对人群健康的危害、对社会安定和经济发展的影响。

（3）了解：突发环境污染事件应急预案、预警系统的构建程序和主要内容。

2. 能力目标

（1）引导学生回顾和了解国家近年来发生的突发环境污染

事件，使学生学会运用环境卫生专业知识和公共管理思维相结合的方法对突发事件进行迅速反应，并提出相应的解决措施，培养学生学科交叉的逻辑思维和解决问题的能力。

（2）通过小组案例讨论，发挥学生的主观能动性，提升学生对专业知识的学习兴趣，增强学生的团队合作精神，培养学生的沟通表达能力。

3. 价值目标

（1）通过案例分析，展示先辈的革命精神和家国情怀，激励学生向先辈学习，对红色精神进行传承和发扬。

（2）通过案例展示，让学生了解党和国家对民生的重视，理解我国"生命至上""人民至上"的理念及其相应的举措，增强民族自豪感和民族自信心。

三、教学方法

本章课程适宜采用翻转课堂的教学方法，引导学生自主学习、鼓励学生思考提问，上课采用回答问题、课堂讨论、小组演讲等形式，将课程教学的知识目标、能力目标和价值目标融入案例讨论。

第二节　课程思政案例及分析

一、重庆开县特大井喷事故

（一）案例内容

2003年12月23日，重庆市开县高桥镇罗家寨发生了世界史上罕见的特大井喷事故。事故导致243人死亡，2142人中毒住院，6.54万人被迫转移。这场事故是新中国成立以来死亡人数最多、损失最严重的一次石油天然气开采领域的特大安全事故，这在世界气井井喷史上也属罕见。

2003年12月23日14时29分，中国石油四川石油管理局川钻十二队的罗家16号矿井开始下钻作业，井深钻至4049.68米。就在当晚21时55分起钻作业时，井底突然发生溢流，造成富含硫化氢的天然气从钻具水眼喷涌而出，喷射高度达30多米。

硫化氢是一种无色、易燃的危化品，含有强烈的神经毒物，它对黏膜有强烈的刺激作用，高浓度时能在三五分钟内抑制人的呼吸中枢，导致呼吸迅速麻痹，使人窒息死亡。

在罗家16号矿井喷涌而出的天然气中，硫化氢随着空气四处蔓延，在短时间内造成开县大面积受灾，周围百姓的安全遭受严重威胁。

2003年12月23日晚23时左右，重庆市政府接到市安监局关于川东北矿区发生井喷的报告。在查明井喷事故将可能严重威胁居民生命安全的情况下，重庆市委、市政府高度重视，责成开县县委、县政府迅速组织抢险队赶赴现场采取措施。开县主要部门负责人、百名公安民警和抽调的200多名医务人员在第一时间赶赴现场抢险，对井喷现场附近的乡镇数万名群众进行连夜紧急大撤离，将人员疏散到几公里外的安全地带；以事故发生地为圆心、以5000米为半径，把方圆80平方千米的地带划为"警戒区"。疏散撤离并不容易。井场周围300米范围内分散居住着60多户村民，最近的距井场只有不到50米。由于毒气的致命特性，加上正值山区最寒冷的时候，不少早早睡下的农户根本不知道发了什么就在睡梦中死去。这场事故之所以死伤人数众多，还有一个重要原因是井场在大山之中，位置偏僻，交通十分不便。唯一的环山狭窄通道无法负荷大量村民集中通行，很多人在出山时死在了路上。据事后统计，受灾最严重的是离井场最近的高桥镇晓阳村和高旺村，死亡人数达212人。①

这起特大井喷事故发生后，有关部门成立专家小组对这起事故发生的原因进行调查。调查显示，这起事故的直接原因是起钻前泥浆循环时间严重不足，属于操作失误。钻井过程中，钻井员没有按照规定灌注泥浆，没有完全排出泥浆就直接起钻，也属于操作失误。溢流现象发生前工作人员没有及时发现预兆，导致溢流现象越来越严重，最后引发井喷。

井喷事故发生后影响持续扩大，主要原因是相关人员没有及时采取放喷管线点火措施，导致天然气中含有大量高浓度的硫化氢从井喷口扩散开来，大量人员因此中毒。

这场灾难使人们意识到了建立国家级特大安全生产事故预警机制和应急救援体系的重要性。在发生特大安全生产事故时，只有协调有序地迅速动员全社会各方面力量组织抢险，才能将损失降到最低限度。本次事故暴露了企业在生产过程中一些安全生产

---

① 参见张汐《黑色灾难——"12·23"重庆开县特大井喷事故回顾》，载《中国减灾》2019年第18期，第26-29页。

管理制度和规章流于形式的致命弊端。企业生产人员抱着侥幸心理，麻痹大意，使一些隐患在拖延中演变成事故。因此，必须建立监督企业，特别是高危企业的现场作业安全管理体系。

突发环境污染事件具有突发性、影响范围的广泛性和危害的复杂性等特点。要预防突发性环境污染事故发生，对已发生的突发环境污染事件及时应对就显得很重要。尽管有些环境污染事故是难以预料和防范的，但突发性环境污染事故有其自身的特点和发生的可预见性。通常从事故发生到污染物进入环境有一段时间间隔，如果能够建立有效的预防计划和措施，就有可能防止污染物进入环境。一旦事件发生，各卫生部门必须迅速反应，及时进行风险评估与预测。能否及时遏止事件发展，卫生部门的应对能力尤为关键。身为公共卫生学子，保护、促进公众健康是我们的追求，夯实专业知识、用一身过硬的本领为垒好公众健康的保护墙是我们义不容辞的责任。

（二）案例分析

1. 思政元素

（1）居安思危。

回顾重庆开县特大井喷事故的发生及事后的处理，我们可以发现，企业缺乏居安思危的精神，钻井之前没有对操作人员进行仔细培训，导致实际操作过程中"失误"频发；操作人员缺乏危机意识，对"小过失"麻痹大意，没有及时处理，反而一再拖延，最终酿成大祸；群众的"居安思危"意识薄弱，面对政府疏散未引起重视，部分居民甚至私自返回家中，将自己置于危险之中。

增强忧患意识，做到居安思危，是我们党从历史兴替中得出的一条重要经验，也是我们党永葆生机活力的一个重要法宝。

作为公共卫生人，我们必须学习党的经验、跟随党的步伐，加强忧患意识、风险意识，坚持底线思维，不可贪图享乐，应该常常警醒自己，保持奋斗精神。

（2）具体问题具体分析。

要做到及时应对突发事故，就要有科学的理论指导，以科学的世界观和方法论对问题进行正确、深入地分析；就要善于在实际工作中总结经验，把握规律，力求对问题有透彻的把握。做的"具体问题具体分析"尤为重要。

中国共产党在近百年的历史中，领导人民进行了新民主主义革命、社会主义革命、社会主义建设和改革开放，带领国家进入了中国特色社会主义新时代。

我们取得的各个方面成就，离不开一点，那就是始终遵循"具体问题具体分析"这一科学原则。习近平总书记要求各级领导干部要坚持具体问题具体分析的科学方法。2016年1月18日，习近平总书记在省部级主要领导干部学习贯彻十八届五中全会精神专题研讨班开班式上发表的重要讲话中指出："要坚持具体问题具体分析，'入山问樵、入水问渔'，一切以时间、地点、条件为转移，善于进行交换比较反复，善于把握工作的时度效。"[①] 坚持具体问题具体分析，就要把握三点：一是一切以时间、地点、条件为转移，研究具体问题要看问题发生的时间及延续的时间，产生与变化的地点，以及产生与演化的主要条件；二是进行交换、比较、反复，就是相互交换意见，上下左右比较，留一个反复考虑的时间；三是把握工作的时度效，抓住工作中出现的时机，做到既不过分超前又不滞后这样一个适度的程度，注重工作的效能、效率和效果。这就大大丰富了"具体问题具体分析"的内涵。

[①] 习近平：《在省部级主要领导干部学习贯彻党的十八届五中全会精神专题研讨班上的讲话》，载《中国应急管理》2016年 第5期，第11-19页。

面对生活与学习上的各种挑战,我们需要学习"具体问题具体分析"的科学方法,去伪存真,把握事物的本质,灵活应对不同的问题和挑战。

(3) 以人为本。

开县井喷事故是由工作人员的一个个过失积累而成的大灾难。这使人们更深刻地认识到企业必须建立起一种以安全生产为基础的企业文化。当企业的生产经营与安全、环境、健康相矛盾时,应首先执行健康第一、安全至上、环境优先的原则,严格贯彻安全生产的法律法规,倡导以人为本,注重保护人权。

党的十九大报告指出:"坚持以人民为中心。人民是历史的创造者,是决定党和国家前途命运的根本力量。必须坚持人民主体地位,坚持立党为公、执政为民,践行全心全意为人民服务的根本宗旨,把党的群众路线贯彻到治国理政全部活动之中,把人民对美好生活的向往作为奋斗目标,依靠人民创造历史伟业。"[①] "以人民为中心"的思想,是习近平新时代中国特色社会主义思想的重要内容。从马克思主义哲学的高度领会这一思想的精髓,探讨"以人民为中心"的马克思哲学意蕴具有重要的理论与现实意义。

马克思主义传入中国以后,中国共产党人把"人民"的理念根植于心。以毛泽东同志为代表的中国共产党人,把"为人民服务"作为党的宗旨,把"一切为了群众,一切依靠群众,从群众中来,到群众中去"的群众路线作为党的生命线和根本工作路线。在改革开放的历史新时期,邓小平等党和国家领导人也始终强调,要以人民群众赞成还是反对作为各项政策的出发点

---

① 习近平:《决胜全面建成小康社会 夺取新时代中国特色社会主义伟大胜利——在中国共产党第十九次全国代表大会上的报告(2017年10月18日)》,见中国政府网(https://www.gov.cn/zhuanti/2017-10/27/content_5234876.htm)。

与落脚点。党的十八大以来,习近平总书记更把"以人民为中心"的世界观表达得全面、充分而透彻。在十九大报告中,习近平总书记进一步明确中国共产党的初心与使命是为中国人民谋幸福,为中华民族谋复兴。

公共卫生学子是卫生管理体系、卫生服务体系的重要预备人员。在未来的工作中只有坚持"以人为本",广大的公共卫生学子才能更好地服务于人。

2. 专业知识点

(1) 什么是突发环境污染事件?

突发环境污染事件(abrupt environmental pollution accidents),是指在社会生产和人民生活中所使用的化学品、易燃易爆危险品、放射性物品,在生产、运输、贮存、使用和处置等环节中,由于操作不当、交通肇事或人为破坏而造成爆炸、泄漏,从而造成环境污染和人民群众健康危害的恶性事故。

(2) 突发环境污染事件的基本特征是什么?

突发环境污染事件的基本特征有四点。

第一,发生时间的突然性。突发环境污染事件有别于一般意义上的环境污染,其发生非常突然,多在瞬间发生,常常出乎人们的预料。由于突然而至、来势迅猛,人们对此始料未及、缺乏防御,突发环境污染事件往往造成现场人员及周围群众重大伤亡。由于有毒有害物质扩散十分迅速,突发环境污染事件的污染空间很快向下风侧(或河流下游)扩散,使人群伤亡和生态环境破坏范围迅速扩大。例如2010年4月20日22时,美国路易斯安那州沿海的"深水地平线"石油钻井平台突然起火爆炸,事发时平台上有126名工作人员,虽然大部分工作人员获救,但仍造成7人重伤,至少11人失踪。此次爆炸及原油泄漏事件是美国在墨西哥湾发生的最严重事故,造成的经济损失高达9.3亿美元。

第二，污染范围的不确定性。由于造成突发环境污染事件的原因、规模及污染物种类具有很大的未知性，故对大气、水域、土壤、森林、绿地、农田等环境介质的污染范围具有很大的不确定性。例如一个小型化工厂有毒气体贮存罐突然爆炸，可能仅造成工厂周围的几平方千米内厂区、居民区的空气污染，但如果是海上油轮泄漏或爆炸事故，其污染面积将波及广泛，甚至污染整个海域。2010年7月16日18时左右，中国石油集团公司大连大孤山新港码头一储油罐输油管发生起爆炸，引起1500吨原油泄漏，溢油范围达到183平方千米，其中严重污染面积达50平方千米。事故造成作业人员1人轻伤、1人失踪；在灭火过程中，消防战士1人牺牲、1人重伤。

第三，负面影响的多重性。无论是发达国家，还是发展中国家，突发环境污染事件一旦发生，将对社会安定、经济发展、生态环境、人群健康产生诸多影响，且事件级别越高，危害越严重，恢复重建越困难。2003年12月23日，重庆开县发生天然气井喷事件，由于污染范围迅速扩大，紧急疏散、转移群众达65000人，给人们心理造成一定压力，对当地社会安定、经济发展带来重大影响。据统计，此次井喷造成的直接经济损失高达6432万余元。2011年3月，日本福岛核电站反应堆爆炸，辐射性物质向日本、中国、俄罗斯扩散。

第四，健康危害的复杂性。突发环境污染事件可对现场及周围居民产生严重的健康危害，其表现形式与事故的原因、规模、发生形式、污染物种类及理化性质有关。事故发生后的瞬间，可迅速造成人群急性中毒，急性刺激的作用容易导致群死群伤；那些具有慢性毒作用且在环境中降解清除很慢的持久性污染物，则可对人群产生慢性危害和长期潜在效应。这种长期低浓度暴露所导致的健康危害将是环境卫生学、毒理学及环境生态学等学科关注的热点、难点课题。

二、吉林石化爆炸事故

（一）案例内容

2005年11月13日，中国石油天然气股份有限公司吉林石化分公司双苯厂硝基苯精馏塔发生爆炸，共造成8人死亡、60人受伤，直接经济损失达6908万元，并引发松花江水污染事件。国务院事故及事件调查组认定，吉林石化分公司双苯厂"11·13"爆炸事故和松花江水污染事件是一起特大生产安全责任事故和特别重大水污染责任事件。[①]

国务院事故及事件调查组经过详细的实地考察后，认定爆炸事故的直接原因是：硝基苯精制岗位外操人员违反操作规程，在停止粗硝基苯进料后，未关闭预热器蒸气阀门，导致预热器内物料气化；恢复硝基苯精制单元生产时，再次违反操作规程，先打开了预热器蒸汽阀门加热，后启动粗硝基苯进料泵进料，引起进入预热器的物料突沸并发生剧烈振动，使预热器及管线的法兰松动、密封失效，空气吸入系统，由于摩擦、静电等原因，导致硝基苯精馏塔发生爆炸，并引发其他装置、设施连续爆炸。

爆炸事故的发生，暴露出中国石油天然气股份有限公司吉林石化分公司双苯厂对安全生产管理重视不够、对存在的安全隐患整改不力及安全生产管理和劳动组织管理松懈的问题。

而随后的环境污染事件，则是由于在事故发生后，双苯厂没有及时采取任何在事故状态下防止受污染的"清净下水"流入

[①] 参见安全监管总局政策法规司《吉化"11·13"特大爆炸事故及松花江特别重大水污染事件基本情况及处理结果》，见中华人民共和国应急管理部网站（https://www.mem.gov.cn/gk/sgcc/tbzdsgdcbg/2006/200612/t20061221_245275.shtml）。

松花江的有效措施，导致泄漏出来的部分物料和循环水及抢救事故现场消防水与残余物料的混合物流入松花江。吉林石化分公司双苯厂对事故发生后可能会引发的松花江水污染问题没有进行深入研究，有关应急预案有重大缺失；吉林市事故应急救援指挥部对水污染估计不足、重视不够，未提出防控措施和要求；中国石油天然气股份有限公司对环境保护工作重视不够，对吉林石化分公司环保工作中存在的问题失察，对水污染估计不足，重视不够，未能及时督促采取措施；吉林市环保局没有及时向事故应急救援指挥部建议采取措施；吉林省环保局对水污染问题重视不够，没有按照有关规定全面、准确地报告水污染程度；国家环保总局在事件初期对可能产生的严重后果估计不足，重视不够，没有及时提出妥善处置意见。[1]

国家环保总局有关负责人向媒体通报，中国石油吉林石化公司爆炸事故发生后，监测发现苯类污染物流入第二松花江，松花江发生重大水污染事件。11月13日16时30分开始，环保部门对吉化公司东10号线周围及其入江口和吉林市出境断面白旗、松江大桥以下水域、松花江九站断面等水环境进行监测。14日10时，吉化公司东10号线入江口水样有强烈的苦杏仁气味，苯、苯胺、硝基苯、二甲苯等主要污染物指标均超过国家规定标准。松花江九站断面5项指标全部检出，以苯、硝基苯为主，从3次监测结果分析，污染逐渐减轻，但右岸仍超标100倍，左岸超标10倍以上。松花江白旗断面只检出苯和硝基苯，其中苯超标108倍，硝基苯未超标。随着水体流动，污染带向下转移。11月20日16时到达黑龙江和吉林交界的肇源段，硝基苯开始超

---

[1] 参见安全监管总局政策法规司《吉化"11·13"特大爆炸事故及松花江特别重大水污染事件基本情况及处理结果》，见中华人民共和国应急管理部网站（https://www.mem.gov.cn/gk/sgcc/tbzdsgdcbg/2006/200612/t20061221_245275.shtml）。

标,最大超标倍数为29.1倍,污染带长约80千米,持续时间约40小时。监测数据分析表明,江水污染程度呈现下降趋势。11月22日18时,吉林省境内第二松花江干流所有断面苯和硝基苯已全部达到国家地表水环境质量标准。11月22日23时,肇源断面硝基苯浓度已大大降低,超标0.42倍。11月23日始,该断面未检出苯超标。23日零时硝基苯浓度为0.021mg/L,超标0.24倍,23日1时,浓度为0.0154 mg/L,达标。[①]

污染使松花江沿岸数百万居民的日常生活受到影响。其中,哈尔滨市为重点受灾地区,全市因化工厂爆炸产生的水污染停水5天,引发市民的恐慌及生活的不便。

在吉林石化爆炸的案件中,除了企业员工的违规操作外,我国现行的应急机制存在的一些缺陷也被暴露出来,包括:信息监控系统流通不畅;决策指挥系统运转不灵;后勤保障系统支持不力;法律保证系统不够健全。这四条缺点极大地导致了吉林石化爆炸事件的发生及后续产生的环境水污染危害。

在这一系列事故发生之后,各方面的管理人员均应引起重视,加强防范。首先,企业方面应当完善相关的规章制度,杜绝员工违规操作行为的发生,从根本上减少事故的发生;其次,政府方面应当增强安全生产意识和环境保护意识,提高对危险化学品安全生产以及事故引发环境污染的认识,切实加强危险化学品的安全监督管理和环境监测监管工作,进一步加强对相关企业的监管力度,力求将突发事件的威胁消灭在摇篮之中;最后,政府还应当加强应急救援体制的建立,应该认识到建立具有高度可操作性的地方人民政府应急救援方案的必要性,认识到应急救援体制是一项系统工程,必须由当地人民政府调动全社会的力量来建

---

① 参见国家环保总局《环保总局通报松花江水污染情况》,见中国政府网（https://www.gov.cn/ztzl/2005-11/23/content_107333.htm）。

立并完善。

（二）案例分析

1. 思政元素

（1）"绿水青山就是金山银山"。

建设生态文明，是关系人民福祉、关乎民族未来的大计，是实现中华民族伟大复兴的中国梦的重要内容。习近平总书记指出："我们既要绿水青山，也要金山银山。宁要绿水青山，不要金山银山，而且绿水青山就是金山银山。"① 要按照绿色发展理念，树立大局观、长远观、整体观，坚持保护优先，坚持节约资源和保护环境的基本国策，把生态文明建设融入经济建设、政治建设、文化建设、社会建设各方面和全过程，建设美丽中国，努力开创社会主义生态文明新时代。

吉林石化爆炸事故是企业缺乏环保意识、对水污染的重视不足，双苯厂没有采取任何措施防止受污染的"清净下水"流入松花江，导致松花江严重的水污染。

（2）善于透过现象看本质。

企业员工的违规操作是导致吉林石化爆炸事件的直接原因，但我们深入事件的本质发现，企业环保意识缺失、现行的应急机制存在缺陷才是该次特大事件的罪魁祸首。

习近平总书记在2020年秋季学期中央党校（国家行政学院）中青年干部培训班开班式上强调："要能够透过现象看本质，做到眼睛亮、见事早、行动快。"② 习近平总书记这一重要

---

① 习近平：《十八大以来习近平关于生态文明建设的重要论述摘编》，载《理论与当代》2018年第6期，第54-55页。

② 习近平：《习近平在中央党校（国家行政学院）中青年干部培训班开班式上发表重要讲话强调年轻干部要提高解决实际问题能力想干事能干事干成事》，载《求贤》2020年第10期，第6-7页。

论述，饱含着对中青年干部的殷切期望，也为我们成事成才指明了努力方向。时代日新月异，世事纷繁复杂，我们只有善于透过现象看本质，善于抓住事物的根本和关键，坚持按照客观规律办事，才能更好地推动工作。

　　回望历史，透过现象看本质是党一贯倡导的科学认识方法，也是党领导革命、建设和改革事业取得伟大成就的重要经验总结。毛泽东曾讲："我们看问题必须要看它的实质，把它的现象只看作入门的向导，一进了门就要抓住它的实质，这才是可靠的科学的分析方法。"① 土地革命战争时期，面对黑云压城、白色恐怖、革命低潮，党透过极为险恶和残酷的环境，看到了"星星之火，可以燎原"的革命必胜前景，为中国革命指明了正确方向；党的十一届三中全会后，党总结正反两方面经验教训，抓住了"社会主义的本质"，为经济发展和国家富强开辟了道路。当前，面对世界百年未有之大变局，以习近平同志为核心的党中央，洞察我国发展环境面临的深刻复杂变化，做出我国发展仍然处于重要战略机遇期，我们正处于大有可为的新时代的重要论断，为广大党员矢志奋斗鼓足了劲、加满了油。实践表明，只有善于透过现象看本质，才能科学认识事物的客观规律，准确把握时代的发展大势，从而正确地指导实践。

2. 专业知识点

　　请结合本案例具体讨论突发环境污染事件的危害。

　　突发环境污染事件对人群健康、社会安定和经济发展产生影响。结合案例言之有理即可。

---

① 毛泽东：《毛泽东选集 第1卷》，人民出版社1991年版，第99页。

三、"8·12"天津滨海新区爆炸事故

(一) 案例内容

2015年8月12日22时51分46秒,位于天津市滨海新区天津港的瑞海公司危险品仓库发生火灾爆炸事故。本次事故中爆炸总能量约为450吨TNT(三硝基甲苯,一种烈性炸药)当量,造成165人遇难(其中参与救援处置的公安现役消防人员24人、天津港消防人员75人、公安民警11人,事故企业、周边企业员工和居民55人),8人失踪(其中天津消防人员5人,周边企业员工、天津港消防人员家属3人),798人受伤(伤情重及较重的伤员58人、轻伤员740人),304幢建筑物、12428辆商品汽车、7533个集装箱受损。[1]

2015年8月12日22时51分,瑞海公司危险品存放的仓库起火;22时52分,天津市公安局110指挥中心接到瑞海公司火灾报警,立即转警给天津港公安局消防支队;23时34分06秒,仓库发生第一次爆炸;23时34分37秒,仓库发生第二次更剧烈的爆炸;直到14日16时40分,现场明火才被完全扑灭。[2]

这起事故不仅造成了严重的经济财产损失,而且导致了重大人员伤亡,参与救援的天津港消防支队五大队出警25人,无人生还。到达火灾现场后,五大队的消防员们马上加入灭火队伍

---

[1] 参见满朝旭《国务院调查组认定天津港"8·12"爆炸是特别重大生产安全责任事故》,见中国政府网(https://www.gov.cn/xinwen/2016-02/05/content_5039773.htm)。

[2] 参见国务院天津港"8·12"瑞海公司危险品仓库特别重大火灾爆炸事故调查组《天津港"8·12"瑞海公司危险品仓库特别重大火灾爆炸事故调查报告》,见中国政府网(https://www.gov.cn/foot/2016-02/05/5039788/files/460731d8cb4c4488be3bb0c218f8b527.pdf)。

中,并且火势慢慢被控制住。然而,消防员们并不知道,潜藏在集装箱内的巨大危险正在向着他们逼近。20分钟后,剧烈反应的易爆物品冲破了保障装置发生爆炸,爆炸威力相当于15吨TNT。最靠近火灾中心的消防队员们已经失去了联系,稍远一些的消防队员们开始迅速撤退,仅仅31秒后,又发生了第二次更剧烈的爆炸,爆炸威力相当于430吨TNT。那一天晚上,天津港附近的居民们几乎都听到了一声震耳欲聋的爆炸声。直到8月14日16时40分,现场的明火被扑灭,五大队的消防员们依然杳无音讯。

截至8月16日9时,天津港公安局消防支队72名消防员失联。其中五大队出警25人,2人确认死亡,其余23人至今失联。

调查组最终认定事故的直接原因是:瑞海公司危险品仓库运抵区南侧集装箱内的硝化棉由于湿润剂散失出现局部干燥,在高温(天气)等因素的作用下加速分解放热,积热自燃,引起相邻集装箱内的硝化棉和其他危险化学品长时间大面积燃烧,导致堆放于运抵区的硝酸铵等危险化学品发生爆炸。瑞海公司严重违反有关法律法规,是造成事故发生的主体责任单位。该公司无视安全生产主体责任,严重违反天津市城市总体规划和滨海新区控制性详细规划,违法建设危险货物堆场,违法经营,违规储存危险货物,安全管理极其混乱,安全隐患长期存在。

调查组同时认定,有关地方党委、政府和部门存在有法不依、执法不严、监管不力、履职不到位等问题。天津交通、港口、海关、安监、规划和国土、市场和质检、海事、公安以及滨海新区环保、行政审批等部门单位,未认真贯彻落实有关法律法规,未认真履行职责,违法违规进行行政许可和项目审查,日常监管严重缺失;有些负责人和工作人员贪赃枉法、滥用职权。①

(二) 案例分析

1. 思政元素

(1) 企业应当依法依规经营,增强安全意识。

瑞海公司无视安全生产主体责任,置国家法律法规、标准于不顾,只顾经济利益、不顾生命安全,不择手段变更及扩展经营范围,长期违法违规经营,且安全发展意识不强,最终导致天津港"8·12"事故的发生,造成严重的生命财产损失和恶劣的社会影响。

企业应当增强法制观念,坚持依法依规经营,依照法律行使权利和承担义务。同时,企业应增强安全意识,不断完善生产安全和财产安全措施,确保万无一失。

(2) 有关部门应当严格执法,安全管理到位。

天津市政府和滨海新区政府严格执行城市规划法规的意识不强,对违反规划的行为失察。有关职能部门有法不依、执法不严,有的人员甚至贪赃枉法。安全管理不到位,权责划分不清晰,导致交通运输部、天津市政府以及天津港集团公司对港区管理职责交叉、责任不明,以至于酿成事故。

习近平总书记在《习近平关于全面依法治国论述摘编》中指出,"法律的生命力在于实施"。我国古代有徙木立信的典故,战国时期,商鞅在秦国变法,为取信于民,派人在城中竖立一木,承诺谁能将此木搬到城门将赏赐十金。民众无人相信搬一根木头就可以拿到十金。商鞅继续将赏赐加到五十金,有人试着把

---

① 参见满朝旭《国务院调查组认定天津港"8·12"爆炸是特别重大生产安全责任事故》,见中国政府网(https://www.gov.cn/xinwen/2016-02/05/content_5039773.htm)。

木头搬到城门，果然获赏五十金。借此一事众人对商鞅建立了信任，这为后续商鞅推动变法奠定了民众基础。我们社会生活中发生的许多问题，有的是因为立法不完善、无法可依，但更多的是因为有法不依、失于规制乃至以权谋私、徇私枉法、破坏法治。

(3) 杜绝形式主义，生产工作注意危险品的监管。

瑞海公司没有开展风险评估和危险源辨识评估工作，应急预案流于形式，应急处置力量、装备严重缺乏，不具备初起火灾的扑救能力。天津港公安局消防支队也没有针对不同性质的危险化学品准备相应的预案、灭火救援装备和物资。

习近平总书记强调，要把力戒形式主义、官僚主义作为首要任务。形式主义是我们党的大敌，是人民的大敌，更是阻碍我们实现伟大民族复兴的大敌，这是毋庸置疑的。党员干部要时刻反省自查，坚决摒弃形式主义，要与以习近平同志为核心的党中央保持高度一致。

今天，我们实现伟大的民族复兴需要有实干精神，需要对一件事情有"咬定青山不放松"的精神，来不得半点漂浮和虚假。我们反对形式主义，提倡实干主义，就是要求我们深入到群众之中去了解群众疾苦，解决群众困难；深入到工矿企业之中去了解企业发展之困难，解决其发展瓶颈；深入到学校、军队之中去了解教师、军人的需求，为他们服好务。唯有如此，我们的事业才能更加兴旺，国家才能更加富强，人民的生活才能更加幸福。

2. 专业知识点

(1) 请阐述突发环境污染事件的分级。

突发环境污染事件的分为四级：特别重大突发环境污染事件（Ⅰ级）、重大突发环境污染事件（Ⅱ级）、较大突发环境污染事件（Ⅲ级）、一般突发环境污染事件（Ⅳ级）。

(2) 如何对突发环境污染事件进行应急处理？

对突发环境污染事件进行应急处理可从以下六点展开：①紧

急启动预警系统；②快速执行应急响应；③立即实施应急监测；④迅速进行事故抢险；⑤开展紧急医疗救助；⑥应急终止及后期处置。

参考文献

[1] 习近平. 决胜全面建成小康社会 夺取新时代中国特色社会主义伟大胜利：在中国共产党第十九次全国代表大会上的报告（2017年10月18日）[EB/OL]. （2017-10-27）[2022-10-23]. https://www.gov.cn/zhuanti/2017-10/27/content_5234876.htm.

[2] 12·23开县特大井喷事故[EB/OL]. [2022-10-23]. https://baike.baidu.com/item/12%C2%B723%E5%BC%80%E5%8E%BF%E7%89%B9%E5%A4%A7%E4%BA%95%E5%96%B7%E4%BA%8B%E6%95%85/18894293?fr=ge_ala.

[3] 褚晓亮，迟海峰. 吉林石化公司爆炸事故6人失踪近70人受伤[EB/OL]. （2005-11-13）[2022-10-23]. http://www.gov.cn/yjgl/2005-11/13/content_97368.htm.

[4] 8·12天津滨海新区爆炸事故[EB/OL]. [2022-10-23]. https://baike.baidu.com/item/8%C2%B712%E5%A4%A9%E6%B4%A5%E6%BB%A8%E6%B5%B7%E6%96%B0%E5%8C%BA%E7%88%86%E7%82%B8%E4%BA%8B%E6%95%85/18370029?fr=aladdin.

（董光辉 陈 艳）

第十五章 自然灾害环境卫生

第一节 课程思政教学设计

一、案例教学适用范围

本案例适用于"环境卫生学""预防医学"本科生和研究生课程中自然灾害环境卫生相关章节的教学。

二、课程教学目标

1. 知识目标

熟悉自然灾害的卫生应急措施。

2. 能力目标

(1) 通过案例讨论，使学生能够根据实际情况判断自然灾害的类型和特征。

(2) 通过案例讨论，使学生能够了解自然灾害发生后疾病流行的成因和条件。

(3) 通过案例讨论，使学生能够根据灾情思考相应的卫生应急措施。

3. 价值目标

（1）通过小组案例讨论，使学生能够更深入了解公共卫生和预防医学在自然灾害发生前、发生时、发生后的作用。

（2）通过案例学习，使学生能够明白自然灾害防治工作与国家经济发展息息相关，树立学科自豪感，培养学生的爱国情怀。

三、教学方法

本章课程适宜采用翻转课程教学，学生提前自学慕课和讨论案例。线下理论课程授课可充分结合教师讲授、学生听课、小组案例讨论等授课形式。教师提出讨论问题，将课程教学的知识目标、能力目标和价值目标融入案例讨论。

第二节 课程思政案例及分析

一、极端天气、自然灾害频发等现象已经成为困扰人类社会发展的问题

（一）案例内容

2021年，美国接连遭受历史性的高温干旱、极寒天气、冬季龙卷风、飓风等灾害侵袭；海地遭遇7.3级地震；西欧遭遇"千年一遇"的洪灾；菲律宾遭遇台风"雷伊"重创；印度北部

冰川断裂引发洪水。全球各地极端天气的频繁出现，是信息快速传播造成的错觉，还是我们正面临着逐渐恶化的自然环境？

然而，这并不是信息快速传播造成的错觉。过去的半个世纪，全球平均气温上升了约1.1 ℃，强烈的暴雨袭击次数增加了70%。同时，全球变暖加剧了火灾的频率和极端程度。2001—2019年，热带以外的森林生态区燃烧面积增加了50%以上。2021年，俄罗斯因火灾损失了540万公顷树木，与2020年相比增加了31%，这也是目前最大的损失记录。此外，欧盟卫星监测服务报告表明，西欧在2022年出现了创纪录的火灾活动，法国、西班牙和葡萄牙有数万公顷的森林消失。

极端天气、自然灾害的频繁出现已经显著破坏了自然生态环境，并严重影响人类安全。环境智库德国观察（Germanwatch）2017年发布的《全球气候风险指数报告》显示，1997—2016年，全球共计发生1.1万起极端气候事件，造成约52.4万人死亡，经济损失高达3.16万亿美元。世界经济论坛发布的《2022年全球风险报告》指出，在未来十年内，由经济、社会、环境和技术紧张局势等带来的全球十项主要风险中，气候行动失败、极端天气事件频发和生物多样性丧失将是其中的前三项。正如中国气候变化事务特使解振华在第二届"共同行动　助力碳中和"高层论坛上所说，"当前，全球气候变化已经从未来的挑战变成眼前的危机"。

值得全球的决策者们注意的是，由于灾害链的存在，单一致灾因子可能引发多个致灾因子，解决气候和灾害问题是一个相当艰巨的任务。过去20年间，随着全球气候危机加剧，越来越多的国家正在完善其灾害预警和应急管理系统，以减少每年受灾害影响的人员伤亡。2004年，由联合国人道主义事务协调办公室和欧盟委员会共同创办的全球灾害预警与协调系统（Global Disaster Alert and Coordination System，GDACS）成立，旨在解决重大突发性灾害早期阶段信息收集和分析的难题，并给灾害救援相关领域人士提供一个无界限、即时交流的机会。目前，GDACS已经为多个国家的灾害判断和灾后救援提供了有效帮助。

此外，气候变化、自然灾害还与社会、经济等其他因素相互作用，相互关联。在灾害风险与日俱增的今天，全球的决策者们不应仅仅关注单个自然危害事件带来的威胁，还需要关注其在社会经济系统中引发的更大影响。例如2021年8月25日，联合国亚洲及太平洋经济社会委员会发布的《2021亚太灾害报告》指出，新冠疫情与气候变化重塑和扩大了亚太地区的灾难"风险图景"。新冠疫情将气候变化如何影响相互关联的系统性风险这一问题再次推到了讨论前沿，揭露出世界各国在应对重叠危机时仍有很大的政策和行动缺口。例如自然灾害过后受灾人群不得不挤在紧急避难所里。这对阻止新冠疫情传播造成了障碍，直接挑战着各国应对多重危机的能力。而气候变化、自然灾害和疾病的叠加风险又进一步加剧了引发脆弱性的驱动因素，包括贫困、不平等和无序的快速城市化等，尤其是对妇女、儿童、老年人及贫困人口等脆弱人群的未来构成严峻威胁。在这样一个相互关联的系统中，"木桶效应"变得尤为突出，即系统中最弱的环节成为系统安全的决定性因素。

对我国而言，我国未来经济与社会发展受到各种灾害的负面影响和挑战将更为严重。有研究显示，2000—2007年间我国的自然灾害导致我国经济增长率年均下降0.3%～0.4%。我国是世界上两大自然灾害带，即北半球中纬度灾害带和环太平洋灾害带复合的高自然灾害风险区，具有灾害种类多、分布范围广、发生频率高的特征。各类自然灾害的突发性、并发性、难以预见性，以及相关联的风险日益突出，甚至通过影响交通、通信、互联网，以及物资生产、供应链，进而影响全世界。以2008年5月12日四川汶川大地震为例，特大地震导致东方汽轮机厂受到重创，因为该厂生产世界三分之二以上的大型发电装置汽轮机，所以世界许多在建的发电企业受到了影响。

极端天气、自然灾害似乎正在以各种方式越来越多地出现在我们的生活之中，成为困扰人类社会发展的问题。为了能够继续生存和发展，人类应该觉醒并善待我们赖以生存的地球环境。

（二）案例分析

1．思政元素

（1）正确认识人与自然的辩证统一关系。

人与自然是辩证统一的关系，两者相互联系、相互依存、相互渗透。人类本身由自然演变而来，是自然界的一部分。也就是说，人和自然界具有"一体性"，一荣俱荣，一损俱损。

极端天气气候灾害的主要原因是全球变暖。首先，人类随意砍伐植物，导致森林等植被大面积毁坏；其次，全球人口剧增，加上汽车尾气、工业气体等环境污染气体排放，导致二氧化碳排放量不断增加，形成"温室效应"。这些人为因素，影响地球表面的气候变化，严重地威胁着自然生态环境间的平衡，最终反作用到人类本身。近年来，在人类快速发展的同时，自然灾害的发生、极端天气的危害也越来越频繁。

因此，我们应该深刻认识到，大自然是人类赖以生存和发展的物质基础，是生命的摇篮。善待自然，就等于善待人类自己。人类在发展的同时，如何合理利用自然资源，保护生态环境，预防和减少对自然的破坏，与大自然和谐共生，已经成为迫在眉睫的问题。否则，受伤的还是人类自身。逐步学会正确地认识和运用自然规律，正确认识和处理人与自然的关系，做到人与自然的和谐相处，也是社会主义和谐社会的基本特征之一。

（2）灾害防范应具备全球视野，综合应对。

在全球化大背景下，各类自然灾害的突发性、并发性、难以预见性，以及相关联的风险日益突出，甚至通过影响全球的交通、通信、互联网，以及物资生产、供应链，进而影响全世界。也就是说，巨灾影响的范围在扩大。地球上任何一个地方发生极端事件，都会迅速影响到整个世界，有研究者将此称为"蝴蝶效应"。

地球是人类唯一赖以生存的家园。应对气候变化，不是一域之事、一国之责、一时之需，必须立足全局、放眼长远、凝聚思想合力，为此，减灾专家表示，站在全球的视角，必须充分发挥联合国、各国和地区政府、企业特别是跨国企业和个人在综合巨灾防御中的作用，并倡议建立联合国全球巨灾防御联盟。

目前，在应对自然灾害过程中，虽然联合国通过实施国际减灾十年行动及国际减灾战略，在全球范围寻找缓减自然灾害风险的措施并取得一定的进展，但原定的国际减灾目标仍没有实现，仍然需要加强这一领域的全球合作。

此外，《教育部等八部门关于加快和扩大新时代教育对外开放的意见》提出，提升我国高等教育人才培养的国际竞争力，加快培养具有全球视野的高层次国际化人才。面对气候变化、巨灾频发等影响着各国、各民族命运的全球性挑战，我国亟须培养一大批具有全球视野和世界眼光、能参与其中的专业人才。

（3）中国应对气候变化展现出大国智慧和大国担当。

应对自然灾害，特别是导致极端灾害的气候变化，是全人类面临的共同挑战，既事关中华民族永续发展，又关乎人类前途命运。因此，全球气候变暖下发展中国家与发达国家之间的责任分担以及中国的大国责任等问题，成为国家健康发展亟待解决的问题。

2021年10月27日，国务院新闻办公室发布的《中国应对气候变化的政策与行动》白皮书指出，中国是拥有14亿多人口的最大发展中国家，面临着发展经济、改善民生、治理污染、保护生态等一系列艰巨任务。尽管如此，为实现应对气候变化目标，中国迎难而上，积极制定和实施了一系列应对气候变化的战略、法规、政策、标准和行动，推动中国应对气候变化实践不断取得新进步。

我国已经向全世界宣布，中国力争于2030年前二氧化碳排放达到峰值，努力争取2060年前实现碳中和目标即"碳达峰""碳中和"。随着《中共中央 国务院关于完整准确全面贯彻新发展理念做好碳达峰碳中和工作的意见》《2030年前碳达峰行动方案》《关于推动城乡建设绿色发展的意见》等一系列政策文件陆续出台，我国正将"双碳"目标的达成落实到每一项具体行动中。例如：将应对气候变化纳入国民经济社会发展规划，大力发展绿色低碳产业；开展碳排放权交易试点工作，有效控制重点工业行业温室气体排放；开展重点区域适应气候变化行动，加强绿色金融支持。

如今，我国经济发展与减污降碳协同效应凸显、能源生产和消费革命取得显著成效，以中国智慧为全球气候治理提供了中国方案。在以习近平同志为核心的党中央引领下，我国已成为全球生态文明建设的重要参与者、贡献者和引领者。未来，中国将继续发挥负责任大国作用，重信守诺，勇于担当，积极作为，与国际社会一道，推动《联合国气候变化框架公约》及其《巴黎协定》的全面、平衡、有效、持续实施，不断贡献中国智慧和力量，共建更加美好的地球家园。

2. **专业知识点**

（1）自然灾害的卫生应急措施有哪些？

自然灾害的卫生应急措施有七个方面。①疾病预防控制对策：包括制定自然灾害应急预案，重视对疾病预防控制工作的领导，加强机动卫生防疫队伍建设，建立灾害监测、评价系统，控制传染病流行关键环节，加强健康教育与卫生监督等；②灾区饮用水卫生应急措施：选择水质状况良好、水量充足、便于防护的水源，保护好饮用水水源以及做好饮用水的消毒工作等；③灾后环境清理：动员群众对遭受灾害的室内外环境进行彻底的清理消毒，政府组织专业人员清理废墟及废物；④灾区尸体处理：包括火葬、土葬处理以及尸体除臭等；⑤设置灾区临时安置点；⑥灾区垃圾粪便卫生处理；⑦灾区灭蚊、灭蝇、灭鼠等。

二、以 2021 年河南水灾为例：自然灾害的卫生应急响应

（一）案例内容

2021 年 7 月 17 日至 23 日，河南省遭遇历史罕见的特大暴雨，发生严重洪涝灾害。7 月 20 日 8 时至 7 月 21 日 6 时，"河南中北部出现大暴雨，郑州、新乡、开封、周口、焦作等地部分地区出现特大暴雨（每小时降水量 250～350 毫米），郑州城区局部地区降雨量为 500～657 毫米；上述部分地区最大小时降雨量为 50～100 毫米，郑州城区局部地区最大小时降雨量为 120～201.9 毫米；河南郑州、新乡、开封、周口、洛阳等地共有 10 个国家级气象观测站的日雨量突破有气象记录以来的历史极值。"[①]

2021 年 7 月 16 日至 7 月 28 日 12 时，"据国家自然灾害灾情管理系统统计，此轮强降雨造成河南全省 150 个县（市、区）

---

① 中国气象局：《河南河北等地有强降水 台风"查帕卡"继续影响华南沿海》，见中国气象局网站（https://www.cma.gov.cn/2011xwzx/2011xqxxw/2011xzytq/202107/t20210721_581154.html）。

1602个乡镇1366.43万人受灾,因灾遇难73人。河南全省目前紧急转移安置84.14万人(累计转移安置147.08万人);农作物受灾面积1021.4千公顷,成灾面积518.3千公顷,绝收面积179.8千公顷;倒塌房屋17015户55293间,严重损坏房屋41327户145983间,一般损坏房屋130467户582989间,直接经济损失885.34亿元"。①

2021年7月20日,针对河南省防汛抢险救灾工作,国家防汛抗旱总指挥部启动防汛Ⅱ级应急响应;7月21日,河南省防汛抗旱指挥部启动防汛Ⅰ级应急响应。

大灾之后必有大疫。水灾后,供水与排水系统被破坏、食物短缺与食品卫生问题凸显、生活环境恶化与受灾人群体质下降,因此致病细菌、病毒、寄生虫等容易随水灾传播扩散,特别容易出现传染病的暴发流行。再加上当时河南省内尚受到新型冠状病毒疫情影响,使灾后防疫工作难度增加。

河南省卫生健康委针对此次灾情的防疫工作给全省人民发出了一封公开信,信中指出,河南省局部地区持续遭遇强降雨,引发严重洪涝灾害,极易诱发"四害"滋生和各类传染病。为确保大灾之后无大疫,河南省爱国主义卫生委员会、河南省卫生健康委员会号召全省人民积极行动起来,提高防病防疫意识,养成文明健康习惯,全力防疫、防病、保健康。

要主动清洁家园。及时清扫、冲洗、消毒房前屋后、室内室外的垃圾、积水、污泥等,清理消杀厕所、粪池、畜圈、禽舍等,确保不留卫生死角。不随地大小便,不乱扔垃圾、乱堆杂物,主动配合有关部门做好环境清洁消毒工作。

要注意饮水卫生。不喝生水,只喝开水、瓶装水、桶装水;

---

① 王涛、李凡:《河南省因灾遇难人数增至73人》,见央视网(http://m.news.cctv.com/2021/07/28/ARTIFshlq3OWp8MP6GyfuTmO210728.shtml)。

被洪水污染的饮用水和井水、河水等临时生活用水要经过澄清、消毒后方可使用；不用被污染的水淘米、洗菜、漱口、刷牙。

重视饮食卫生。不吃腐败变质、霉变和被洪水浸泡过的食物，不吃淹死、病死的禽畜；不吃发芽的土豆，不采、不吃野生的蘑菇，少吃或不吃凉拌食物；生熟分开，食物煮熟煮透后食用，餐具和食物容器使用前要清洗消毒；剩饭、剩菜冷藏不宜超过一天，食用前加热要彻底。

保持个人卫生。早晚刷牙勤洗手，不用脏手揉眼睛，毛巾、脸盆要单用，公勺、公筷要使用，不贪凉露宿。

若皮肤接触雨水，要及时清洗，不赤足接触内涝积水，避免长时间浸泡在水中，划伤或溃烂要就医；保持乐观心态，对生活充满阳光；密切关注自己和家人的身体状况，一旦出现不适，及时就医。

要及时清理鼠粪鼠洞、垃圾杂物，翻盆倒罐清除积水，防止"四害"滋生；动物尸体要深埋，土层要夯实；使用蚊帐、蚊香、杀虫剂等灭蚊蝇防叮咬，预防疟疾、乙脑、霍乱等蚊媒传染病；主动配合社区（村庄）做好"除四害"集中工作。

(二) 案例分析

1. 思政元素

（1）灾后防疫，公卫先行。

根据《自然灾害公共卫生应急工作指南（试行）》所示，自然灾害往往伴随着大量的人员伤病甚至死亡。灾后，灾区医疗卫生需求增加，饮用水和食品的安全性存在隐患，传染病病媒生物及宿主动物发生变化，人群居住生活条件恶化以及区域人员活动频繁，这些改变都可能增加灾区传染病疫情和突发公共卫生事件等发生风险，并进一步威胁灾区居民的身心健康和生命安全。因此，需要卫生防疫的及时介入，才能有效地降低疫情流行的风险。

正如本次水灾应急处理过程所示，疾病防控从紧急抢救时就已经介入，并随着灾区公共卫生应急响应的推动，在灾区逐步开展了水源调查、消杀、疾病监测、安置点评估以及疫情监测处置等各项工作。当灾区公共卫生应急响应工作结束之后，还要进入灾后评估总结期，总结经验教训，评估灾害公共卫生应急工作效果，并针对特定灾害和特定区域的自然灾害公共卫生应急工作提出改进建议等。

公共卫生学子应牢记，"大灾之后防大疫"是公共卫生专业人员的重要责任和工作目标。同时，我们应感到自豪，因为正是公共卫生专业人员防疫的及时介入，才有效地降低了疫情流行的风险，保障了人民群众的健康安全。

（2）经一事，长一智。

《五代史平话·汉史》中提到，"人有常言：遭一蹶者得一便，经一事者长一智"。意思是指，亲身经历了某件事情，就能增长关于这方面的知识。当灾害发生，造成了损失，人类应该怎么办？不以为然，依旧我行我素？这恐怕会导致更大的问题出现。正确的做法应该是认真总结经验，吸取教训，为今后类似灾害事件的处理积累办法，以避免不必要的损失。

近年来，我国防灾、抗灾和救灾能力明显提高，防、抗、救一体化的综合减灾体系初步形成。防灾减灾制度初步形成，应急管理体系日趋完善。但必须看到，我国应对重特大自然灾害的能力仍然薄弱，综合防灾减灾的能力仍不能满足目前的需求。例如2021年河南特大水灾，导致全省因灾遇难302人，失踪50人。痛定思痛，如何进行大灾的综合防御，还需要政府、企业、社会有关团体等尽快达成共识。

政府应努力提高应对气候变化的能力、社区防灾减灾能力、综合灾害风险信息服务能力，以及全球合作防范环境风险的能力，推动综合防灾减灾的法制建设。

企业要在不断提高设防能力的基础上，积极参加大灾保险，科学确定可接受的大灾风险、可控制的大灾风险和必须转移的大灾风险的比例。

此外，相关科研院所、高等院校应加强科研创新，努力提高灾害的预报水平和能力，完善信息服务体系，在各种防御大灾工程和非工程技术的开发等方面取得突破。

公民自身也应全面提高防灾减灾意识，掌握基本的防灾减灾常识。

（3）增强各方凝聚力，筑牢防灾减灾救灾的人民防线。

习近平总书记强调，要坚持群众观点和群众路线，坚持社会共治，完善公民安全教育体系，推动安全宣传进企业、进农村、进社区、进学校、进家庭，加强公益宣传，普及安全知识，培育安全文化，开展常态化应急疏散演练，支持引导社区居民开展风险隐患排查和治理，积极推进安全风险网格化管理，筑牢防灾减灾救灾的人民防线。[①]

人类对自然规律的认知没有止境，防灾减灾、抗灾救灾是人类生存发展的永恒课题。筑牢防灾减灾救灾的人民防线，需要"你、我、他"千千万万人凝聚力量，共同努力。

中华民族历来有同呼吸、共命运的优良传统。当灾难突如其来之时，中华民族固有的凝聚力瞬间集结，一方有难，八方支援。政府与民众提携帮扶，党心与民意紧密相连，全国人民守望相助，共克时艰，构筑了防病救灾的最强支撑力。

2. 专业知识点

（1）自然灾害后疫病流行的成因以及促成疫病流行的条件

---

① 参见新华社《习近平在中央政治局第十九次集体学习时强调　充分发挥我国应急管理体系特色和优势　积极推进我国应急管理体系和能力现代化》，见中国军网（http://www.81.cn/xxqj_207719/xxrl/hyhd/9686616.html）。

有哪些?

自然灾害后导致疫病流行的原因有:供水与排水系统破坏、食物短缺与食品卫生问题、生活环境恶化与受灾人群体质下降等。生态环境改变、传染病媒介(如蝇类、蚊类、鼠类、其他吸血节肢动物、寄生虫、家畜等)增加、医疗卫生资源匮乏、能源短缺等问题则是促成疫病流行的条件。

(2)水灾发生后的常见疾病有哪些?

水灾发生后的常见疾病有:①灾害创伤性疾病,即由水流、泥沙等对人体造成的各种创伤性疾病,如颅脑损伤、脏器损伤、骨折、软组织损伤等;②灾害感染性疾病,如消化道传染病及食物中毒、呼吸道传染病、虫媒传染病、人畜共患病等;③灾害应激性疾病,如创伤后应激障碍等。

参考文献

[1] 河南省爱国卫生运动委员会,河南省卫生健康委员会. 河南省爱国卫生运动委员会、河南省卫生健康委员会共同发布致全省广大群众的一封公开信[EB/OL].(2021 - 07 - 27)[2022 - 10 - 20]. https://wsjkw. henan. gov. cn/2021/07 - 28/2191731. html.

[2] 联合国新闻. 2021年亚太灾害报告:为复杂、重叠的危机做好准备是建立亚太国家抗灾能力的关键[EB/OL].(2021 - 08 - 25)[2022 - 10 - 20]. https://news. un. org/zh/story/2021/08/1090012.

[3] 杨克敌,郑玉建,郭新彪,等. 环境卫生学[M]. 8版. 北京:人民卫生出版社,2017.

[4] FRANCE 24. New Orleans battered by Hurricane Ida as storm claims first victim in Louisiana. [EB/OL](2021 - 08 - 29)[2022 - 10 - 20]. https://www. france24. com/en/americas/2021

0829 – ida – one – of – the – most – powerful – hurricanes – in – us – history – makes – landfall – in – louisiana.

[5] SHI Z T, XU X Y, JIA G S. Urbanization magnified nighttime heat waves in China [EB/OL]. (2021 – 08 – 02) [2022 – 10 – 20]. https://agupubs.onlinelibrary.wiley.com/doi/10.1029/2021GL093603.

（胡立文　龚彦晨）